关于孤独，
写给年轻人的心理课

大学生孤独感的
发展轨迹、认知机制及其适应的研究

任丽杰 著

中国海关出版社有限公司
· 北京 ·

图书在版编目（CIP）数据

大学生孤独感的发展轨迹、认知机制及其适应的研究/任丽杰著．
—北京：中国海关出版社有限公司，2024.2
ISBN 978－7－5175－0743－7

Ⅰ.①大…　Ⅱ.①任…　Ⅲ.①大学生—心理健康—健康教育—研究
Ⅳ.①G444

中国国家版本馆 CIP 数据核字（2024）第 033441 号

大学生孤独感的发展轨迹、认知机制及其适应的研究

DAXUESHENG GUDUGAN DE FAZHAN GUIJI、RENZHI JIZHI JIQI SHIYING DE YANJIU

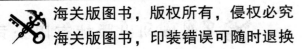

作　　者：任丽杰
责任编辑：文珍妮
责任印制：孙　倩
出版发行：中国海关出版社有限公司
社　　址：北京市朝阳区东四环南路甲 1 号　　邮政编码：100023
编 辑 部：01065194242-7533（电话）
发 行 部：01065194221/4238/4246/5127（电话）
社办书店：01065195616（电话）
https：//weidian. com/？ userid＝319526934
印　　刷：北京中科印刷有限公司　　经　　销：新华书店
开　　本：710mm×1000mm　1/16
印　　张：10. 75　　字　　数：170 千字
版　　次：2024 年 2 月第 1 版
印　　次：2024 年 2 月第 1 次印刷
书　　号：ISBN 978－7－5175－0743－7
定　　价：38. 00 元

序言

人是社会性动物，孤独却是人生常态。一个人一杯咖啡，可以在咖啡馆里消磨半日时光；一个人背着行囊，可以徜徉在山水之间……独处一隅与自我对话，独自一人与山水相连，从而想明白人生的许多道理。孤独一人，若心有所寄，或许不会感觉孤独；身处繁华闹市，若心无所依，可能孤独感油然而生。孤独感是一种不愉快且令人痛苦的主观体验，随着信息化时代的到来，个体的孤独感普遍增强。若个体长期体验到孤独感，可能对其身心健康造成危害。

那么，孤独感作为人生的重要体验，具有怎样的发展规律？孤独感产生的认知神经机制到底是什么？孤独感对心理健康的影响是否存在个体差异？在个体发展的特定时期，孤独感是否具有积极的意义？我的博士研究生任丽杰是长期从事大学生心理健康教育工作的一线教师，她在工作中产生了上述疑问，故而将博士论文的研究方向定在了大学生孤独感上，经过5年的系统研究，试图一一解答以上问题。最终，她不仅完成了博士论文，还在SSCI和CSSCI上发表了多篇研究论文，取得了较好的学术成果。博士毕业后，她又全身心投入到工作中，并继续开展大学生心理健康的相关研究。本书是她多年来在大学生孤独感领域系统研究的一个成果体现。

存在主义心理学将孤独感分为人际孤独、心理孤独和存在孤独。本书中的孤独感聚焦人际孤独感，是指由于个体的社会关系网络在数量上的不足和质量上的低下导致的一种负性的主观情绪体验。青春期和成年早期是个体孤独感体验非常强烈的时期，也是个体获得自我同一性的关键时期，孤独感可能与自我同一性的探索有关。这个阶段的孤独感与人生其他阶段的孤独感可能不同，或许具有特定的积极意义。任丽杰将以往研究较少关注的大学生作为研究对象，并结合了自己的本职工作，采用追踪研究设计，借助问卷调查、实验等研究手段，系统考察大学生孤独感的发展特点、影响因素和认知神经机制。

本书涉及的内容丰富，既探究了大学生孤独感现状、孤独感的发展轨迹及其影响因素，又考察了高低孤独感个体的认知神经机制、不同孤独感发展亚组个体的适应状况。研究结果不仅丰富了孤独感研究的理论思考，而且具有很强的实用价值。研究揭示了大学生孤独感的发展轨迹，探索了预测孤独感发展轨迹的重要因素，明确了独处态度的影响以及人际关系能力和质量的保护性作用，这为今后的大学生心理健康教育提供了实证依据。

此外，本书还试图从积极和消极两个方面探索孤独感对个体的影响。以往研究往往忽略对孤独感积极意义的探索，均将孤独感看作对个体身心发展有伤害的负面体验，本书中的研究则发现大学阶段的孤独感有助于促进个体自我同一性的形成，具有特定的积极意义，但长期的孤独感体验也确实会影响大学生的心理适应和学业表现。

总之，本书比较全面系统地介绍了孤独感的概念、理论基础、影响因素、发展特点、认知神经机制以及孤独感与适应的关系等理论和实证研究成果。我相信本书将对心理学研究者、高校心理健康教育工作者、高校思政工作者和高校青年学生有所裨益。

是为序。

上海师范大学二级教授、博士生导师

李丹

2022 年 12 月于上海

自序

长期体验到孤独感，会严重威胁个体的身体和心理健康。对人群中多达15%~30%的人而言，孤独是一种长期状态，如果置之不理，会对认知、情绪、行为和身体健康造成严重损伤。具体表现为：孤独感会加速生理衰老，可能导致发病率和死亡率上升，影响个体的存在感和幸福感，可能导致认知能力下降和受损，患阿尔茨海默病的风险增大，执行控制能力降低和抑郁症状增加等。

但同时，孤独感也具有一定的积极意义，具体体现在以下两个方面。一方面，孤独感具有一定的进化意义，它能使我们体验到痛苦，并警告我们被隔离的危险。另一方面，在人生的特殊阶段，孤独感也具有积极的作用。青春期是个体一生中孤独感体验最强的时期，这与自我探索的需要和人际交往的需要之间的矛盾有关。这个时期的个体需要独处的时间进行自我探索，同时也有强烈的人际交往的需要，这两者之间的冲突会导致个体产生强烈的孤独感。但这个时期的孤独感能促使个体进行自我整合，深入思考自己是谁，以及自己与他人、世界的关系，有利于个体自我同一性的形成。当个体完成这个探索阶段，人际关系网络达到新的平衡，形成新的人际自我概念，孤独感就会减轻。

《“健康中国2030”规划纲要》指出，健康是促进人的全面发展的必然要求，是经济社会发展的基础条件；要针对生命不同阶段的主要健康问题及其主要影响因素，确定若干优先领域，强化干预，实现从胎儿到生命终点的全程健康服务和健康保障，全面维护人民健康。为贯彻落实《“健康中国2030”规划纲要》，国家卫健委、中宣部、中央综治办、民政部等22个部门共同印发《关于加强心理健康服务的指导意见》，明确学校要加强心理健康服务，促进学生健康成长。之后，教育部下发《高等学校学生心理健康教育指导纲要》，要求高校要完善心理健康教育与服务，根据学生身心发展规律与特点，促进学生身心健康和谐发展。

基于对大学生孤独感的研究领域得以拓展和促进大学生身心健康发展的现实需求，本书以大学生为研究对象，开展对大学生孤独感的纵向研究，探究大学生孤独感的发展轨迹、不同发展轨迹亚组个体的认知机制，以及不同孤独感发展轨迹亚组个体的积极与消极适应。

由于笔者水平有限，且本书所陈仅为笔者一家之言，难免存在疏漏和不妥之处，恳请读者批评、指正。

目 录

第 1 章　文献综述与问题提出 ………………………………… 1

1　文献综述 ………………………………… 1

2　问题提出 ………………………………… 21

第 2 章　大学生孤独感的发展轨迹及其影响因素 ………………… 25

研究一　大学生孤独感现状及相关因素分析 ………………… 25

1　问题提出 ………………………………… 25

2　研究方法 ………………………………… 26

3　结果分析 ………………………………… 28

4　讨论 ………………………………… 31

5　小结 ………………………………… 32

研究二　大学生孤独感的发展轨迹及性别差异 ………………… 33

1　问题提出 ………………………………… 33

2　研究方法 ………………………………… 34

3　结果分析 ………………………………… 36

4　讨论 ………………………………… 41

5　小结 ………………………………… 43

研究三　大学生孤独感发展轨迹的影响因素 ………………… 43

研究三—A　独处态度对大学生孤独感发展轨迹的影响 ………… 43

1　问题提出 ………………………………… 43

2　研究方法 ………………………………… 44

3　结果分析 ………………………………… 49

4 讨论 …… 55
5 小结 …… 56
研究三—B 人际关系能力对大学生孤独感发展轨迹的影响 …… 57
1 问题提出 …… 57
2 研究方法 …… 57
3 结果分析 …… 58
4 讨论 …… 61
5 小结 …… 61
研究三—C 朋友关系质量对大学生孤独感发展轨迹的影响 …… 62
1 问题提出 …… 62
2 研究方法 …… 63
3 结果分析 …… 63
4 讨论 …… 66
5 小结 …… 67

第 3 章 大学生孤独感发展轨迹亚组个体的认知加工特点 …… 69
研究四 大学生孤独感发展轨迹亚组个体的注意偏差机制研究 …… 69
1 问题提出 …… 69
2 研究方法 …… 71
3 结果分析 …… 77
4 讨论 …… 93
5 小结 …… 95
研究五 大学生孤独感发展轨迹亚组个体的解释偏差机制研究 …… 95
1 问题提出 …… 95
2 研究方法 …… 97
3 结果分析 …… 99
4 讨论 …… 101
5 小结 …… 102

第 4 章 大学生孤独感发展轨迹亚组个体的适应研究 …… 103
研究六—A 大学生孤独感发展轨迹亚组个体的适应状况 …… 103

1　问题提出 …… 103
2　研究方法 …… 105
3　结果分析 …… 107
4　讨论 …… 109
5　小结 …… 111

研究六—B　大学生孤独感发展轨迹与适应的关系：认知偏差的中介作用 …… 111
1　问题提出 …… 111
2　研究方法 …… 112
3　结果分析 …… 113
4　讨论 …… 115
5　小结 …… 116

第5章　总结与展望 …… 117
1　总讨论 …… 117
2　总结论 …… 122
3　主要贡献 …… 123
4　研究的不足与展望 …… 124
5　研究的教育启示 …… 124

参考文献 …… 127

附　录 …… 155

后　记 …… 159

第 1 章

文献综述与问题提出

如自序所述，孤独感是一种常见的不愉快的主观体验，在人群中普遍存在。孤独感对个体健康的影响一直是学界关注的问题，近年来，相关研究取得了长足进展。在文献综述部分，我们将着重回顾孤独感研究的概念、发展特点、认知机制以及与适应的关系等内容，并在文献综述的基础上提出本书中研究的设计思路。

1 文献综述

心理学界自 20 世纪 70 年代开始对孤独感进行科学研究。Robest Weiss 于 1973 年发表了文章《孤独感，一种情绪及社会性孤立体验》，这是孤独感科学研究领域具有里程碑意义的重要事件。受到 Weiss 撰写的这篇文章的启发，Peplau 于 20 世纪 70 年代末对孤独感进行了系统的研究，研发了被广为使用的 UCLA 孤独感量表。1979 年，在美国召开了第一次国际孤独感研讨会。国外对孤独感的研究发展较快，至今已积累了大量的研究成果。研究表明，孤独感与社会支持和精神健康显著相关。所以，对孤独感的研究既是社会关系领域的重大课题，同时也是人格和心理健康领域的重要切入点。

1.1 孤独感的内涵

1.1.1 孤独感的界定

为了给孤独感这种复杂的主观体验一个精确的界定，心理学界做了很多的研究与努力，有很多种孤独感的定义，目前还没有一致的定论。国内外学者对孤独感的界定可以概括为两类：一类认为孤独感根源于人性，是生而为人就一定会体验到的，是人们终其一生都在努力避免但不可逃避的一种情感体验；另一类认为孤独感根源于人际交往，个体期待的社会关系的缺失和未被满足的需要是孤独感形成的两个核心要素。目前，学界关于孤独感的概念尚未取得一致的意见，但具有一致性的部分是，认为孤独感是一种主观的、使人虚弱的、有害的和普遍的存在。

（1）从人际交往的角度

孤独感的产生与个体未实现或未被满足的各种社会交往需要有关。Sullivan 把孤独感描述为与人类关系密切的人际交往的需要不能得到满足从而产生的令人不愉快的体验。Weiss 指出孤独感是缺乏某种明确的、需要的人际关系的结果。Killeen 认为孤独感是一种痛苦、抑郁、非人性化的情感疏离状态，是由于人们的社交和情感生活没有得到充分满足而造成的巨大空虚感所致。这一定义给出了对孤独感的比较全面的概括，具体体现有三：第一，强调了孤独感的消极本质；第二，对社交和情感关系的缺失给出了相等的权重；第三，并不认为孤独感是一种病态表现，而是所有人都会遇到的一种情况。朱智贤认为孤独感是人处在某种陌生、封闭或特殊的环境中产生的一种孤单、寂寞、不愉快的情感。

认知加工的观点强调个体对社交关系的感知、比较和评价。Peplau 和 Perlman 认为，当个体感知到个体渴望的社交关系模式与实际的社交关系模式不一致时，就会体验到孤独感。Younger 将孤独感定义为感受到孤独的一种情感体验，这种情感体验是因为人际归属未被满足，孤独者体验到与目标缺失和无聊类似的一种完全的孤独感受。Gierveld 认为孤独感是由于个体的某些关系呈现一种不愉快或不可接受的缺失状态所引发的，包括现有的关系数量少于期待或允许的程度，以及个体没有得到期待的亲密关系等。黄希庭认为孤独是一种负性的情绪体验，是当个体渴望人际交往和亲密关系却又无法满足时产生的一种不愉快的情绪。

（2）从人性的角度

Rokach 认为孤独感是人性中不可或缺的一部分，就如同幸福、饥饿和自我实现，人在从生到死的过程中也会经常感到孤独。他强调孤独感是个体在生命过程中经常会体验到的普遍感受，是自然的内在组成要素，是个体对自己和世界的感知、看法和理解。Rokach 强调孤独感的主观性质，提出了一个非常黑暗和严肃的观点，不过也说明了孤独感对于人性的意义。

本书中的孤独感聚焦人际孤独感，认为孤独感是由于个体的社会关系网络在数量上的不足和质量上的低下导致的一种负性的主观情绪体验，是一种常见的不愉快的体验。人是社会性动物，人人都有交往的需要。孤独感作为一种普遍存在的主观情绪状态，对个体的身心健康影响巨大。无论是从心理学研究的角度，还是对处于孤独感之中的个体而言，深入认识孤独感都非常重要。

1.1.2　孤独感与相关概念的辨析

（1）孤独感与独处

Larson 指出独处是个体独自一人时的客观状态，这种状态下不会与他人进行交流，而孤独感是一种主观的情绪体验，既可能在个体独处的时候产生，也可能在其他情况下产生。但是当独处总是非主动选择时，个体就会体验到孤独感。独处是个体成长所必须拥有的经历，而孤独感是负面的，是个体需要回避和调节的消极体验。简而言之，“独处未必孤独，孤独未必独处”。

独处态度是指个体对独处的客观状态的主观感受。早先的一项研究表明，对独处持积极态度的人并不反对独处，而是积极创造机会远离他人；而讨厌独处的人则倾向于拒绝和避免独处，他们会努力创造机会建立社会纽带。从这个意义上说，独处的态度会影响个体的人际交往行为，从而影响孤独感。有研究表明，过度地亲近独处和厌恶独处都不利于个体的健康发展，适度的独处态度有利于个体的健康发展。持亲近独处态度的个体会主动创造机会远离人群，因为主动选择独处，他们对独处的接纳度更高，对由独处导致的后果的接纳度也会更高，即使有孤独感，也不容易产生消极的影响。有研究表明，亲近独处态度可以对孤独感与抑郁之间的关系起到调节作用，但是过强的亲近独处态度可能会使个体花费太多时间独处，从而错过人际交往的机会，造成事实上的人际关系量过少、质过低，在个体有人际交往需要的时候，会导致个体产生不满足感，从而引发比较强烈的孤独感，长此以往，对个体的健康发展是不利的。持厌恶独处态度的个体不接受独处，他们在人际交往中更为积极，会主动创造机会建立人际关系避免产生孤独感，但是，一旦人际关系的质与量不能让自己满意，他们的负面体验会更为强烈。

亲近独处的态度可能会受到个体发展阶段的影响。大学阶段是个体自我同一性形成的关键阶段，个体会花更多的时间在自己身上，他们对独处表现出更积极的态度。这是因为个体要进行身份识别工作，要重新建构与自己、与他人、与世界的关系。但是一旦自我同一性获得之后，个体会将关注点重新放在人际交往上，亲近独处的倾向性会降低。而厌恶独处的态度更多反映的是个体对独处的价值判断，相对会比较稳定。

有研究表明，孤独感具有性别差异，男性的孤独感强于女性。独处态度与孤独感具有密切的关系，所以独处态度可能也具有性别差异。男性更愿意进行自我探索，女性更愿意投身人际交往，女性的人际交往能力和质量好于男性，所以女生可能更多持厌恶独处态度，男生更多持亲近独处态度。

（2）孤独感与抑郁

长期以来，孤独感被认为与抑郁密切相关。孤独感和抑郁之间的联系，在不同的年龄和种族中，似乎都是稳定的中等程度正相关。尽管孤独感和抑郁曾被认为反映了相同的心理状况，但研究表明，孤独感和抑郁在心理上是不同的结构。

一项研究对孤独感和抑郁之间的关系进行了因素分析。在主成分分析以后进行因子斜交，结果发现，抑郁的因子在孤独感项目中的载荷非常低，小于0.10，孤独感的因子在抑郁项目中的载荷也一样。因素分析结果表明，可以明确地分离为孤独感和抑郁两个不同的因素。对大学生的研究同样发现，使用结构方程模型分析孤独感和抑郁，最终形成了两个可分离的理论结构。这些结果表明，尽管孤独感和抑郁存在一定程度的重合，但它们是可以分离的。

（3）孤独感与疏离感

张春兴将疏离感定义为，由于受到社会变迁和都市工业化的影响，人与生活环境之间失去了原有的和谐，最终导致个体形成面对生活时的无力、疏远和冷漠感。杨东等人的研究结果表明，孤独感与疏离感存在显著正相关，说明孤独感与疏离感存在一定程度的重叠。从定义来看，疏离感偏向于强调客观上存在的生活环境方面的距离，导致个体心理上产生一种冷漠态度；而孤独感强调的是一种主观的内心体验。二者之间存在一定的相关性，但各自的侧重点是不同的。

1.2 孤独感的理论基础

目前，对孤独感产生和起源的理论研究聚焦4个方面：认知理论、人际关系理论、人格特质理论，以及多因素相互作用理论。

1.2.1　认知理论

认知理论认为，认知过程是孤独感产生的核心因素，孤独感来自个体期待的社交关系与真实感受到的社交关系之间的差距，非理性的想法和认知偏差会导致个体的社交能力缺陷，从而引发孤独感。个体关于自己和他人的想法影响其能否建立满意的人际关系，决定他们如何互动以及如何解释人际互动情境。

认知归因理论认为，孤独者在试图解释自己和他人的行为时，倾向于因果归因，认为是因果关系影响了他们的心理状态，对孤独感倾向于进行不可控的、内在的稳定归因。他们认为社交情境超出了他们的掌控范围，并且相信他们没有朋友是因为自己迟钝又无聊（内在的），认定这种性格是不可改变的（稳定的）。这些归因导致了他们的无助感和低自尊。他们要么期待被拒绝，要么对合适的交往对象存在不合理的期待，所以总是不能很好地利用人际交往机会，最终导致孤独感增强，其背后的真正原因是一系列的功能失调，比如害怕人际拒绝、不自信、社交焦虑等。与不孤独者和短暂孤独者相比，长期孤独者最渴望人际关系。认知偏差观点认为，减轻孤独感不需要调整个体实际和期望的人际关系，而是要调整他们对关系的态度和归因模式。

Cacioppo 等人提出的孤独感模型就是基于认知理论。孤独感令人感觉不安全和不舒服，这会激发个体对环境中社交威胁的过度警觉，对社交威胁的无意识监督会导致个体的认知偏差：孤独者会认为现实世界充满危险，所以会做出更多不良的社交行为，记住更多负性的社交信息，消极的社交期待引发了他人的负性回馈，从而进一步证实了孤独者的猜测。孤独者的自我实现预言促使他们远离潜在的社交伙伴，甚至坚信这种人际距离是由别人操控的，自己对此无能为力。孤独者这种自我强化的循环同时伴随着敌意、压力、悲观、焦虑情绪和低自尊等。

1.2.2　人际关系理论

人际关系理论认为很多孤独者努力建立社会关系，但他们确实存在建立和发展良好社会关系能力不足的情况。孤独者在建立和维持人际关系时，缺乏关系建立技巧或者建立高质量人际关系的技巧。研究表明，无论性别是男是女，自我表露都是重要的建立亲密关系的方式。孤独者在自我表露方面不清楚多少是合适的，当别人期待自我表露很多时，他们表露得很少；当别人不期待过多的自我表露时，他们却表露得很多，不合时宜的做法会让人费解。在交往模式上，对比孤独者和非孤独者的交谈，研究者发现孤独感得分高的人对谈话对象不太感兴趣，关于对方的问题提得很少，不大会评论对方，他们更多谈论的是自己，并且介绍的内容与对方的兴趣无关。孤独者倾向于扮演一个被动消极的社交角色，在交往中不愿付出太多努力，显得很乏味，与其说是孤独者故意无礼，不如说他们惯用的交往模式赶跑了潜在的朋友。研究表明，孤独感体验与个体自评的社交技巧水平高度相关。一些研究者认为，高孤独者存在广泛的社交缺陷而非特定的技能不足，以及负性的自我概念。短期的人际交往训练和关注交谈对象的技巧训练可以使孤独者的孤独水平显著下降。

1.2.3 人格特质理论

人格与孤独感之间的关系受到了普遍重视，人格特质理论认为个体的性格特征会影响其孤独感的产生。有研究发现，某些人格缺陷是孤独感产生的重要原因，人格有缺陷的个体更容易有孤独感，从而证实了该理论。孤独者和非孤独者在社交关系质量上的不同也可以归因为人格特质的差异，人格特质理论是与人际关系风格相关的。研究表明，与孤独感之间存在正相关的人格特质包括害羞、内向、抑郁、消极自我概念、谦虚等，存在负相关的人格特质包括自尊、社会冒险和外向等。研究性别角色的学者提出心理双生性的人格特质与孤独感之间存在负相关，男性气质和女性气质都有益于建立满意的社交关系，男性气质与关系的建立和交往的技巧有关，而女性气质与亲密关系的发展和维持密切相关。

1.2.4 多因素相互作用理论

多因素相互作用理论认为孤独感来自个人、文化和情境因素的相互作用。依据这一观点，害羞、内向、社交焦虑和社交技能缺乏等个性特征与文化和情境相互作用，阻碍了社会关系的建立与保持。有研究证明，文化背景会影响孤独感的发展，在集体主义文化中，个体体验到的孤独感要多于在个人主义文化中，因为集体主义文化中社会交往代表的含义更多，与个体的价值关系更大。许多情境因素也会导致孤独感的产生，如搬家、重要他人的丧失、社会冲突、被拒绝、被排挤、交通不便、贫穷、失业、退休、入狱和生病等，但个性特征在解释文化期待和情境因素时起决定性作用。根据这一观点，个性特征和文化情境因素都不是孤独感产生和维持的决定性因素，二者之间的交互作用才是决定性因素。

以上 4 种理论从不同的视角解释了孤独感的产生原因，为孤独感的研究提供了理论依据。

1.3 孤独感的影响因素

对孤独感的研究既是社会关系领域的重要课题，也是人格及心理健康领域的重要课题。截至目前，对孤独感影响因素的研究有许多成果。孤独感会受个人特征如人格、独处态度等因素的影响，也会受环境因素的影响。根据生态系统理论，影响个体孤独感发展的因素可以从微观系统、中间系统、外层系统和宏观系统 4 个层面来考量，微观系统指个体活动和交往的直接环境，对大学生而言，微观系统包括亲子关系和朋友关系等；中间系统指各微系统之间的联系或相互关系，如亲子关系与同伴友谊的关系等；外层系统指个体并未直接参与其中却会对个体的发展产生影响的系统；宏观系统指存在于以上 3 个系统中的文化、亚文化和社会环境，如社会文化因素。基于生态系统理论和以往的研究结果，一般来说，孤独感的影响因素有个人特征、人际关系和社会文化环境等，社会文化因素对孤独感的影响深受西方研究者的重视。

1.3.1 个人特征

(1) 性别与年龄

性别与年龄是重要的人口统计学变量。国内外学者围绕孤独感与性别的关系做了大量研究，一些研究认为，孤独感存在显著的性别差异，如 Francis 研究发现孤独感存在显著的性别差异，他认为是性别角色的差异造成了性别差异。男性的孤独感水平之所以低于女性，是由于男性的控制水平高于女性，能够更好地应付消极情绪或复杂处境。另有研究表明，男性的孤独感高于女性，这是由于男性的交际能力不如女性，从而导致了孤独感的增强。还有一些研究并未发现孤独感存在显著的性别差异。很显然，孤独感与性别之间的关系还需要进行进一步的研究。

孤独感在人的一生中普遍存在，到目前为止，关于孤独感的起始年龄尚未形成定论。有学者认为孤独感始于童年早期，有学者认为孤独感始于童年后期和青年前期之间。总体而言，多数学者认可孤独感出现于童年后期到青年前期之间，在青年后期和成年时期尤为强烈。横向研究发现，青春期后期和青年早期是个体孤独感体验非常强烈的时期，15~30 岁是个体孤独感体验最强的阶段，30 岁时孤独感体验到达顶峰，随后下降。到老年晚期（80 岁以后），个体孤独感达到并超过 30 岁时的水平。但这两个时期孤独感产生的原因是不同的，青年时期的孤独感可能具有积极意义，而老年时期的孤独感更多与丧失有关，对个体身心健康的危害很大。

（2）独处态度

独处态度是指个体对独处这种客观状态的主观感受。个体对独处的总体反应有所差异，对待独处的态度或积极或消极。这可能与个体的气质特征有关。研究发现，人际依赖性较强的个体对人际关系亲密性有过度的需求，他们往往非常关注别人的认可和接纳，极力回避独处，有时甚至表现出过度迁就和自我牺牲；而独立性较强的个体往往不喜欢依赖他人，希望生活中有较多的自由，对独处的态度也更为积极。Goossens 将独处态度区分为厌恶独处与亲近独处两种，前者描述个体在无聊、不愉快、不安的环境下独处，后者描述个体将独处作为达成建设性意图的主动行为，比如寻求情绪修复、集中注意力或自我反思等。

需要说明的是，厌恶独处与亲近独处并不是单一体上对应的两极，二者有独立的结构。研究发现，中等水平的独处态度是适应性的，有利于个体的社会适应，对独处太强的积极或消极态度都可能带来负面作用。对独处态度过于积极的个体可能会失去很多建立亲密关系的机会，从而造成事实上的亲密关系缺失，进而引发孤独感，诱发抑郁或其他躯体症状，以及更低的主观幸福感。对独处态度过于消极的个体则会努力创造机会建立社会联结，如果社会关系良好，个体的适应良好，但建立亲密关系的需要没有得到满足，则容易引发不安全感，使得个体体验到更高水平的抑郁和孤独感。

（3）人格特征

个体的性格特征是孤独感产生的重要因素，高孤独感个体通常更内向，更加焦虑和情绪化。这一观点得到 Rokach 等人的证实，他们的研究发现，人格缺陷和发展性障碍是导致孤独感产生的重要原因，人格存在缺陷的个体更容易产生孤独感。“大五”人格模型是目前最为流行的人格结构模型之一，包括外倾性、开放性、尽责性、宜人性和神经质 5 个因素。研究表明，“大五”人格与社会适应行为存在密切关系，是大学生孤独感的重要影响因素，不同人格类型的个体在孤独感上存在显著差异，情绪性、开放性、宜人性低的个体更容易体验到较强的孤独感。也有研究发现，人格特征在家庭功能与孤独感之间起到中介作用，控制了家庭功能的作用后，外倾性和宜人性可以显著负向预测孤独感，神经质和开放性可以显著正向预测孤独感。

1.3.2　人际关系

人际关系是影响大学生心理健康状况的重要因素，良好的人际关系可以正向预测其心理健康水平。人际关系能力一直是孤独感研究中比较受关注的一个变量，它是指个体在社交中与周围人协调好关系并实现个人价值的能力。根据社会需求理论，人际交往的需要是个体的基本需要，如果这一需要无法得到满足，个体就会体验到孤独感。人际关系能力是个体的人际交往需要得到满足的前提条件，只有具备了良好的人际关系能力，个体才有可能建立与他人的积极互动，获得他人的认可和欢迎，从而产生积极的情绪体验。人际关系能力强的个体通常能维持和发展良好的关系，并具有良好的社会适应。研究结果表明，人际问题解决策略和自我表露可以显著预测孤独感，人际关系能力与孤独感之间呈现互相预测的关系，较高的人际关系能力可以降低后期的孤独感，较高的孤独感也可以抑制后期的人际关系能力。

人际关系质量会直接影响孤独感。国外研究表明，个体对同伴关系、婚姻关系以及家庭关系的不满是预测其孤独感的显著性因素。国内研究发现，积极的友谊质量和同伴接纳水平可以负向预测孤独感，而良好的同伴关系能减轻儿童的孤独感。大学生的友谊质量越高，孤独感体验越低，友谊质量可以直接或间接地影响个体的孤独感。这是由于大学生经历了青春期亲子关系和同伴关系的发展变化，如他们与父母的冲突增多、远离家庭到异地求学、更加信赖同伴等，导致朋友关系质量对大学生的影响日益增强。研究结果表明，从青少年时期开始，朋友关系质量就在个体的发展中发挥了重要的保护性作用，如友谊质量高的青少年表现出更少的行为问题，抑郁、焦虑和孤独感水平更低，自尊水平更高等。研究结果表明，人际关系质量可以负向预测孤独感，友谊质量高的个体孤独感水平较低。孤独感也可以预测人际关系质量，孤独感较强的个体社交频率较低，如他们可能更少与别人聚会、更少参与社交活动、更少与朋友接触。纵向研究表明，友谊质量可以预测两年后的孤独感，而孤独感不能预测友谊质量。

1.3.3 社会文化环境

研究结果表明，社会文化环境会影响孤独感的发展。在集体主义文化中，个体体验到的孤独感要多于在个人主义文化中，因为集体主义文化中社会交往代表的含义更多，与个体的价值关系更大。中国传统文化更加强调群体利益的重要性，强调群体和谐，而过于强调自我和追求个人目标就有可能导致人际疏离，最终引发个体的孤独感。在强调人际依赖的文化情境中，个体孤独感的阈限可能会更低，那是因为，在这种情境下，个体会更加期待社会关系，对社会交往中出现的各类问题也会更加敏感，所以更容易引发个体的孤独感。社会文化环境具体包括文化价值观和家庭养育环境等。社会情境可能会影响个体的孤独感体验，家庭教养方式、亲子关系以及成长环境均会成为影响儿童孤独感产生的重要因素。

1.4 孤独感的发展特点

1.4.1 以变量为中心的研究

（1）横向研究的结果

在个体的一生中，孤独感随着年龄的增长呈 U 型分布，孤独感体验很高的阶段有两个，一个是青年时期，一个是老年时期，中年时期孤独感体验相对较低。15~30 岁是孤独感体验非常强的阶段，30 岁时到达顶峰，随后下降，到老年晚期（80 岁以后）达到并超过 30 岁时的水平。青春期晚期和青年早期是人生中孤独感体验非常强烈的时期，也是自我同一性形成的关键时期，这两者之间可能具有密切的关系。在人生的第二个十年里，青少年实际上会花更多的时间在自己身上，他们对独处表现出更积极的态度，这是因为个体要进行身份识别工作，要重新建构与自己、与他人、与世界的关系。但这与该年龄段迫切需要同伴交往的需求是矛盾的，导致孤独感的体验非常强烈。当个体完成这个探索阶段，人际关系网达到新的平衡，形成新的人际自我概念，孤独感就会减轻。当自我同一性获得之后，在下一个人生阶段，个体面临的新任务是建立亲密关系，当个体建立亲密关系的任务没有完成时，依然会体验到较强的孤独感，只有到本阶段的任务完成，孤独感才会减轻。到了老年晚期，因为面临更多的丧失，如健康丧失、关系丧失等，个体的孤独感水平会再度升高，体验到很强烈的孤独感。在我国，由于经济发展、社会转型以及人口结构转变等重大社会变革的影响，传统的家庭功能逐渐被弱化，越来越多的老年人处于空巢或独居的状态，他们的孤独感逐渐增强，有 30%～70%的 60 周岁以上的老人体验到了较强的孤独感。

（2）纵向研究的结果

目前，采用纵向研究方法探究孤独感发展规律的理论相对薄弱，已有研究更多集中在童年、青少年时期以及成年晚期，针对青年早期孤独感发展趋势的研究较欠缺，对青年早期孤独感发展趋势的了解较少。刘俊升等人对小学二到五年级学生孤独感的追踪研究发现，这个阶段的孤独感呈曲线递减趋势，递减的速度逐渐减缓，孤独感的起始水平以及发展速度都存在显著的个体差异，女孩的孤独感起始水平显著低于男孩。对小学三、四年级学生两年的追踪研究发现，小学生孤独感的发展为非线性的曲线发展，整体呈先长时程下降后缓慢上升的发展趋势。针对 12～18 岁个体的研究表明，孤独感水平在青春期早期（即 12 岁）最高，到青春期后期（即 18 岁）逐渐下降，而且这种下降表现为一种非线性模式，孤独感的变化率在青春期早期波动更明显，在青春期晚期更稳定。针对 13～16 岁个体的 5 次追踪研究表明，孤独感随年龄的增长呈下降趋势。针对 15～20 岁个体的研究表明，青少年经历的孤独感会随着时间的推移而减少。针对 50～67 岁中老年人的 5 年跟踪研究表明，孤独感随年龄的增长呈上升趋势。从以上横向研究和纵向研究的比较来看，横向研究表明青春期晚期和成年早期个体的孤独感体验是增强的，而纵向研究中关于青年早期这个年龄段的孤独感发展趋势的研究很少，而且现有的针对 7～20 岁个体的不同研究均发现孤独感随年龄增长呈下降趋势，这与横向研究存在一定的矛盾之处。有关老年人孤独感的横向与纵向研究结果是一致的。

1.4.2　以个体为中心的研究

通过发展趋势的研究可以得知群体整体的发展态势，但实际上，个体并不都是一样的，各自有不同的发展轨迹。比如在孤独感整体体验较低的群体中，依然有一直体验到高孤独感的个体，或者孤独感体验从低变高的个体；在孤独感整体体验较高的群体中，依然有一直体验到较低孤独感的个体，或者孤独感体验从高变低的个体。群体中的孤独感是否存在个体差异，以及这些差异的特征在这一时期的连续性和变化性等，需要通过对发展轨迹的研究得知。

已有的针对青春期个体的研究，一般将个体孤独感发展轨迹分为不同亚组，包括稳定低孤独组、稳定高孤独组、缓慢增长组、缓慢降低组、快速增长组、快速降低组等，在不同研究中，各组的比例有所差异。针对9~15岁个体的研究中，个体孤独感发展轨迹共分为5个亚组：低孤独—稳定组（49.1%）、孤独感降低组（10.7%）、缓慢增长组（31.6%）、快速增长组（4.5%）、高孤独—稳定组（4.1%）。针对8~11岁个体的研究中，共分为2个亚组：低孤独—稳定组（52%）、高孤独—降低组（48%）。针对12~18岁个体的研究中，共分为5个亚组：无孤独感组（19%）、低孤独—稳定组（19%）、中等降低组（42%）、缓慢降低组（6%）、高孤独—稳定组（14%）。针对7~17岁个体的研究中，共分为4个亚组：低孤独—稳定组（37%）、中等降低组（23%）、中等升高组（18%）、高孤独—稳定组（22%）。针对15~20岁个体的研究中，共分为5个亚组：低孤独—稳定组（66%）、低孤独—增长组（17%）、中等降低组（8%）、快速降低组（6%）、高孤独—稳定组（3%）。

Qualter和Brown对5~17岁的年轻人进行跟踪调查，发现了4种明显的孤独感发展轨迹：低孤独—稳定组、中等孤独—降低组、中等孤独—上升组、高孤独—稳定组。Schinka等人以800多名青少年为样本，分析了3个时间点（即小学三年级、小学五年级和15岁）的孤独感，并确定了5种不同的发展轨迹，他们称之为低孤独—稳定组、中等孤独—增加组、高孤独—增加组、孤独降低组和孤独缓慢下降组。研究结果发现，尽管大多数孩子（49.1%）的孤独感水平一直很低，但仍有相当一部分（31.6%）的孩子体验到了较强的孤独感，从童年中期以后，即从小学五年级到15岁之间，孤独感体验水平有所提升，也有一些人的孤独感发展轨迹呈高增长（4.5%）、快速下降（10.7%）或缓慢下降（4.1%）趋势。而在针对60岁以上老年人的研究中，将孤独感的发展轨迹分为4类：稳定高孤独组、孤独感降低组、孤独感增长组和稳定低孤独组。

1.5 孤独感与适应的关系

长期处于高孤独感状态，个体的身心健康会受到伤害，但大学阶段的孤独感也可能具有积极意义。适应是指个体在新的环境中，改变其角色、调整生活规则以减轻情境中压力的能力。适应包括心理适应、学业适应和社会适应等方面。

1.5.1 孤独感的危害

对人群中多达 15%～30%的人而言，孤独是一种长期状态。孤独可以使人衰弱和不受欢迎，孤独感是影响身心健康的重要因素。

1.5.1.1 横向研究的结果

（1）身体损伤

关于孤独感会对个体的身体造成损伤的研究，大多聚焦于中老年人。研究表明，孤独感与心脑血管及阿尔茨海默病等慢性疾病有相关关系。大学生主要处在 18～23 岁的年龄阶段，患有慢性疾病的情况比较少见，但是一些急性疾病的发病率在高孤独感人群中明显更高，如急性胃肠炎、胰腺炎、阑尾炎、发烧、感冒等。Cacioppo 等人发现孤独感会导致大学生的睡眠质量欠佳，这是孤独感影响大学生身体健康的重要机制。

（2）心理损伤

长期或严重的孤独感可能会导致个体产生一些情绪障碍，从而降低心理健康水平。研究表明，随着时间的推移，高孤独者的认知能力会下降和受损，情绪的广度容易受到影响，同时执行控制能力降低、抑郁症状增加。孤独感一直伴随着人格障碍和精神疾病。在大学生群体中，孤独感与自杀意图和行为有明显的相关性。McIntyre 等人对英国的 1135 名大学生进行了孤独感和心理健康关系的线上调研。结果发现，与人口学变量、经济条件、童年经历、社会资源、能力或性别歧视以及学业压力等因素相比，孤独感的影响更大，孤独感水平越高的学生在抑郁、焦虑以及偏执性上得分越高。戴革等人对 180 名大学生开展了抑郁和孤独感的关系调查，结果发现孤独感得分越高，抑郁的可能性就越大。也有研究表明，孤独感和焦虑存在显著正相关，其中相关性最高的是社会焦虑。

（3）行为障碍

孤独感有可能会导致个体的行为障碍，行为障碍大致可以分为逃避、成瘾以及反社会行为。逃避行为多是由社会焦虑和恐惧所致，个体会采取主动的回避行为，表现为不参加社会交往、不参加聚会、害怕公众场合、成为“宅男宅女”。研究发现，高孤独感大学生更可能表现出对恋爱关系的依赖，这种依赖也是一种逃避行为，表现为个体交友范围的局限，只和恋人相处，最终加重了孤独感。成瘾行为主要是指高孤独感大学生会过度依赖某一物体或对象。研究表明，社交网络的使用是减轻孤独感的有效方式，但由于孤独感个体的自控能力下降，结果可能是网络成瘾或手机成瘾。有些高孤独感大学生还有吸烟、酗酒、赌博等行为。还有些高孤独感大学生存在饮食障碍，较为多见的是神经性贪食和暴食。反社会行为主要是指破坏性行为或伤害他人的行为，比如霸凌、偷窃等。张雪凤等人的研究发现，回避行为会通过引发孤独感而发展为成瘾行为和反社会行为。综上，孤独感导致的行为障碍主要是孤独感影响了个体的应对方式而造成的结果，而高孤独感个体采取的应对方式所导致的行为障碍又会反过来加重孤独感。

（4）学业表现

已有研究表明，不同学业成绩的个体会有不同的孤独感水平。对小学生而言，优等生的孤独感最低，其次是中等学生，学业成绩差的学生孤独感最高。学业拖延与孤独感存在显著正相关，孤独感对学业自我效能感具有显著的负向预测作用，在学业拖延与学业自我效能感之间，孤独感起到中介作用。也有研究表明，教师接纳、同伴拒绝和亲子依恋是学业成绩与孤独感之间的中介变量。追踪研究结果表明，经历了长期孤独的青少年更有可能经历学业困难，无论是在学业进步方面还是在考试成绩方面，而朋友的支持可以缓冲孤独感与学业成功之间的负相关作用。

对大学生而言，学业表现依然是非常重要的学校适应指标。孤独感对学习投入具有负向预测作用。关于大学生孤独感与学业成绩之间关系的直接研究较少，但是很多研究者对孤独感与手机成瘾和网络成瘾的关系进行了研究，而手机成瘾和网络成瘾会影响个体的学业投入和学业成绩，从而可以间接推断孤独感会影响学业表现。分析表明，孤独感与手机成瘾存在中等程度的正相关，而手机成瘾可以负向预测大学生的学习投入，手机依赖与学业拖延存在显著正相关；网络成瘾倾向者比非网络成瘾倾向者更容易形成孤独感，网络成瘾对孤独感具有有效的预测作用，学习倦怠与网络成瘾存在显著正相关，大学生网络依赖程度对其学习成绩有显著影响。

1.5.1.2 纵向研究的结果

一些纵向研究结果表明，孤独感对个体的身体、心理和学业适应、社会适应等均会产生危害。孤独感对身体的危害具体体现为：孤独感可以预测发病率和死亡率的增加；7~17 岁群体的孤独感发展轨迹预测个体会更频繁地使用医生提供的服务，17 岁时接受手术的概率会增加，个体自我报告的总体健康状况较差，而且单次饮酒量更多。孤独感对心理的危害具体体现为：随着时间的推移，那些长期体验到高孤独感的个体会表现出更差的心理和身体健康状况。针对老年人的 5 年追踪研究表明，孤独感会增加抑郁的发生率；针对 9~15 岁群体的研究发现，孤独感发展轨迹可以预测自我报告的社交技能缺陷、抑郁症、攻击性和自杀意念；针对大学生的追踪研究显示，在控制了人口统计学变量的基础上，随着时间的推移，个体孤独感越强，心理健康问题越严重，基线孤独感预示着更大的进食障碍风险。孤独感对学业适应的危害体现在，孤独感增长不断增强和长期体验到高孤独感的青少年在学业上取得的进步较少，而且不太可能通过毕业考试。孤独感对社会适应的危害体现在，孤独感水平稳定的亚组比孤独感呈上升趋势的亚组表现出更积极的同伴功能，稳定高孤独感的个体会表现出更为情绪化的反应，这会导致他们的适应能力更低。

1.5.2 发展视角下的孤独感

Perlman 和 Landol 指出，儿童及青少年阶段孤独感的研究与成人阶段孤独感的研究有区别。最大的区别在于，前者是从发展的视角看待孤独感，发展的视角主要涉及以下几个方面。

第一，儿童及青少年对孤独感的认识与其不断发展变化的认知能力相适应，特别是当其从形象思维向抽象思维过渡时，认知能力的变化与孤独感体验水平密切相关。在儿童时期，儿童与重要他人暂时的身体上的分离就会导致孤独感；而在青春期，孤独感产生的原因变得更加复杂，可能与自我同一性这个关键问题有关。

第二，为保持良好的人际关系，个体必须拥有特殊的社交技能。例如，在儿童时期，个体需要具有参与群体活动的能力，到了青少年时期，个体需要具备发展亲密感的能力，这些社交技能随着个体的成长而变化，并且均与孤独感有关。在前一个阶段发展得很顺利，却未能掌握下一个发展阶段所需要的社交技能的儿童及青少年，可能会体验到更强的孤独感。

第三，儿童及青少年的孤独感体验可能会随着情感的发展而发生相应的变化。因为新的负性情感体验可能会改变个体判断亲密感的标准，或者产生一些使亲密感建立更加困难的认知，这使得孤独感可能和其他情感产生联系，同时这些情感会导致一些可能破坏社交关系的新的行为。

与上述三种在儿童时期就已经开始出现的发展情况不同，自我同一性的发展被认为是青春期的发展任务。自我同一性是指将关于自我的多重概念整合成具有内在同一性的概念。在青春期，孤独感可能具有积极意义，孤独感有利于个体独特性的形成和自我同一性的发展。已有研究发现，体验到中度孤独感的青少年比很少感到孤独或经常感到孤独的青少年具有更好的自我调节能力。

大学阶段是人生中孤独感体验非常强烈的时期，也是自我同一性形成的关键时期。个体在18岁之前无法建立前后一致的自我同一性，最能体现个体同一性状态发展差异的年龄区间是18~21岁。所以成年早期是个体探索、整合自我，发展出连贯一致的自我感，建立和稳固同一性的关键时期。这个阶段恰好与个体一生中的第一个孤独感高峰重合，两者之间可能具有密切的关系。研究表明，自我意识是影响孤独感体验的重要因素，个体的孤独感体验越强，自我意识越低。高自我意识能够降低个体的孤独感体验，当个体对隐私与公共自我表现出清晰的理解与关注，那么个体更容易获得自我同一性，也更善于采取措施来应对孤独感。

在人生的第二个十年里，青少年会花更多的时间在自己身上，他们对独处表现出更积极的态度。这是因为个体要进行身份识别工作，要重新建构与自己、与他人、与世界的关系，所以花了大量时间与自己在一起。但这与青少年迫切需要同伴交往的需求是矛盾的，所以会导致孤独感的体验非常强烈。当个体完成这个探索阶段，人际关系达到新的平衡，形成新的人际自我概念，孤独感就会减轻。所以在青春期，孤独感可能有利于个体独特性的形成和自我同一性的发展。

1.6 孤独感的认知机制

有关认知的理论认为，认知过程是孤独感产生的核心因素，孤独感来自个体所期待的社会关系与其真实感受到的社会关系之间的差距，非理性的想法和认知偏差导致个体的社交能力缺陷，从而引发孤独感。Cacioppo和Hawkley提出的孤独感模型就是基于认知的理论。该模型认为孤独感会令人感觉不安全和不舒服，这会激发人对环境中社交威胁的过度警觉，对社交威胁的无意识监督会导致认知偏差：高孤独者会认为现实世界是一个充满危险的地方，所以会做出更多不良的社交行为，记住更多负性的社交信息，消极的社交期待引发他人的负性反馈，从而进一步证实高孤独者的猜测。高孤独者的自我实现预言促使他们远离潜在的社交伙伴，他们甚至会坚信这种人际距离是由别人操控的，自己对此无能为力。孤独者自我强化的循环同时伴随着压力、敌意、焦虑、悲观的情绪和低自尊，这代表了一种气质倾向，激活了造成不良健康后果的神经生物学和行为机制，导致个体的发病率和死亡率增加（见图 1-1）。

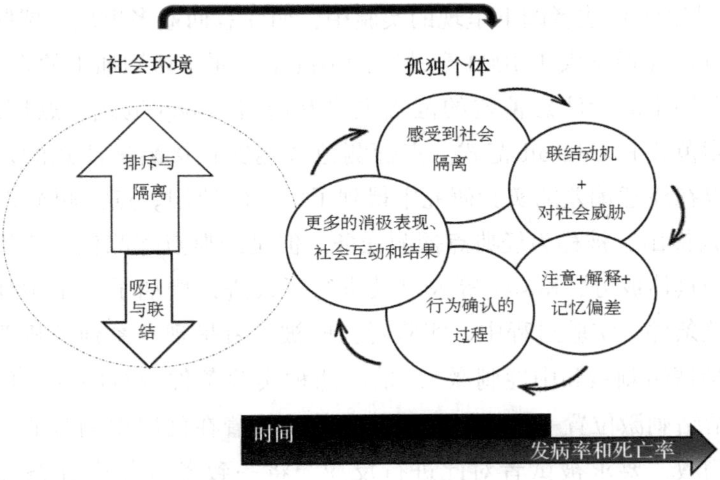

图 1-1　基于认知理论的孤独感模型

1.6.1　孤独感的注意偏差研究

社会认知理论将注意看作社会认知加工的起始阶段，是对环境中的信息进行归类并识别的独特认知能力。研究发现，孤独感个体存在对威胁刺激的注意偏差。孤独感个体自我报告会在社交环境中体验到更多的威胁和人际压力，并担心别人会忽视或拒绝自己。孤独感个体更加关注社交拒绝性信息，对其而言，社交威胁刺激可以概念化为社交拒绝。

Cacioppo 和 Hawkley 提出孤独感个体会对社交威胁刺激产生高度警觉性，这包含两层意思：第一，孤独感个体在日常生活中对社交环境无法做出精确判断；第二，孤独感个体对负性社交事件存在注意偏差。

(1) 注意偏差的概念

注意偏差主要包含3个成分：注意警觉、注意解除困难和注意回避。注意警觉是指相对于中性刺激，人们能够更快地将注意指向威胁刺激或者具有威胁的位置；注意解除困难是指与中性刺激相比，人们更难停止对威胁刺激或者具有威胁的位置的注意加工；注意回避是指在有威胁刺激出现时，人们会将注意指向威胁刺激以外的位置。注意警觉和注意解除困难被认为是形成和维持抑郁和焦虑的重要原因，注意回避则被认为是用来减轻焦虑的策略。注意警觉和注意解除困难一般出现在威胁刺激呈现时间较短（500毫秒以内）或者阈下呈现的实验中，而注意回避多出现在威胁刺激呈现时间较长（通常大于1000毫秒）的情况下，属于认知加工的晚期阶段。

目前用来测量注意偏差的范式主要有情绪Stroop范式、点探测范式、空间线索范式和Oddball范式。点探测范式能够直接测量注意的定向和保持，所以在注意偏差的实验研究中得到了广泛的使用。点探测范式由MacLeod等人提出，被称为经典点探测任务。但是经典点探测任务不能解释注意偏差的具体成分，Koster等人对其进行了改进，增加了一个中性刺激对作为中性条件。实验过程中，实验者会向被试者呈现一系列随机匹配的刺激（包括情绪刺激和中性刺激），采用两种实验条件进行匹配，包括探测刺激与情绪刺激位置一致或不一致的条件，接着在已出现刺激的位置上呈现探测刺激，要求被试者对此进行反应。将一致条件与中性条件进行对比，如果在一致条件下被试者反应更快，说明被试者存在对威胁刺激的注意警觉；如果在不一致条件下被者试反应更慢，说明被试者存在对威胁刺激的注意解除困难。

(2) 行为和眼动的相关研究

在一项经典Stroop任务中，研究者发现高孤独感个体会对负性社交词汇产生更多的认知冲突，但对积极词汇反应不显著。孤独感个体会对积极的社交刺激产生更少的神经性反应，但当注视消极的社交图片时，视觉皮层会高度唤醒，说明孤独感个体对社交威胁刺激存在视觉注意偏差。

也有研究者指出，在看到积极的社交图片时，孤独感个体与奖赏有关的脑区会得到激活；而在看到消极的社交图片时，孤独感个体大脑中的视觉皮层也会得到相应的激活。出现上述现象的原因可能是孤独感个体会在威胁性环境中更加关注自我，从而进行自我防御。

Bangee 等人通过眼动实验证明孤独感个体对社交威胁刺激存在视觉加工偏差。实验者向被试者呈现一系列的社交影像，记录被试者在此期间的眼动特征。结果表明，孤独感被试者对于社交拒绝性刺激的眼部扫描频率高于他人，在注意的时间进程上也存在显著差异，具体表现为，在前 2 秒孤独感个体存在对威胁刺激注视的警觉现象，此后其对威胁刺激的注视与他人无显著差异，而低孤独感个体可能首先注意到积极的社交影像。

（3）注意偏差的 ERP 成分

ERP 是一种高时间分辨率的方法，允许分析处理信息在不同刺激阶段的信号调整过程，能够揭示注意过程的深层机制，被广泛用来检验面孔感知的时间动态加工过程。关于孤独感人群的 ERP 成分的研究相对较少，但是参考注意偏差的脑电成分会发现，N1、P2、P300 等的波幅异常是注意偏差相关电位的参照成分。

N1 反映的是注意偏向的早期自动化加工（这一过程不需要注意的参与），是外源性成分，能够反映个体的早期注意警觉。N1 在视觉处理过程中产生并且反映注意参与的知觉主张，例如目标增加和对目标进行区分，因此 N1 可能对面部加工处理过程特别敏感。P2 反映的是注意偏向的早中期自动化加工以及刺激类别的区分（这一加工过程受到选择性注意的影响），是个体由感觉加工向知觉加工的过渡性成分。P2 反映持续的知觉加工过程，激活和指导更深层的注意过程和最初的情绪评估阶段，反映了个体对威胁刺激敏感的视觉加工，甚至是对感知到的刺激进行更加精细化的加工。P300 与认知资源的分配密切相关，主要起源于额部皮质联合区及顶颞枕交界区的皮质联合区，被认为是评定认知功能最有价值的电生理指标之一，主要用于判定特殊患者的认知功能障碍和智能障碍。大脑皮层会在这个注意的晚期阶段对感知到的情绪刺激进行更深层次的评估和认知，这一过程更容易受到自上而下注意加工方式的影响。P300 是选择性注意的主要标志。研究发现，个体对威胁信息的注意解除困难将在特定条件下诱发较大的 P300 波幅。

Cacioppo 等人采用 ERP 实验分析脑微状态发现，与非社会威胁刺激相比，孤独组处理社会威胁刺激的速度（刺激开始后约 116 毫秒）比非孤独组（刺激开始后约 252 毫秒）更快，证明了孤独感个体存在对社会威胁刺激的注意偏差。

对社会威胁刺激过于敏感可能带来认知及行为上的改变。如果能减少个体对社交环境中消极信息的过度关注，改变其自动化的认知加工方式，将有助于减轻个体的孤独感。通过改变个体的认知行为，包括主动识别自动化加工的负性信息、辨别不确定的信息、减少认知偏差、学习自我控制等，可以有效减轻个体的孤独感。

1.6.2 孤独感的解释偏差研究

解释偏差是指个体以积极或者消极的方式对社交刺激做出错误解释的现象。解释偏差在认知偏差中具有重要作用。首先，各种认知偏差不是独立发挥作用的，而是相互影响的，解释偏差可能影响其他认知偏差。其次，与注意偏差相比，解释偏差反映个体对刺激的后期加工，决定着人们赋予所处的社交情境的意义，与个体对社交情境的反应存在更直接的联系。解释及解释偏差对行为具有重要作用。一方面，从加工过程来看，解释被视为在信息得到注意之后立即发生，注意与解释之间关系密切，负性解释偏差与负性注意偏差存在显著相关；另一方面，解释偏差是个体对信息带有一定偏好的理解方式，认知行为理论认为，对行为和事物的理解往往直接决定个体的行为，因而解释偏差往往会直接产生一定倾向的行为。方小平研究发现，消极解释偏差组大学生孤独感得分最高，其次为普通组大学生和积极解释偏差组大学生，所以解释偏差直接影响个体的孤独感水平。

研究者通常采用同音异形异义词/同形异义词范式、模糊故事范式、语句关联范式、词句联想范式和反应时范式等对解释偏差进行评估和研究。

以往针对社交焦虑者的解释偏差研究表明，社交焦虑个体会对社交情境做出更多的消极解释，但是在非社交情境中并不存在这种倾向，研究结果支持了社交焦虑者的解释偏差在内容上存在情境特异性的观点。研究发现，解释偏差在模糊情境和消极情境中具有一致性，社交焦虑者既会以消极方式解释模糊的社交事件，也会以灾难化的方式对消极情境做出解释。个体以消极的方式对信息进行解释，反映的可能是一种稳定的信息加工模式，这种模式一旦形成，也会使个体倾向于对积极社交线索做出消极解释。研究结果表明，孤独感与社会焦虑具有高相关性，孤独感个体极有可能表现出与社交焦虑个体在解释偏差机制上的相似性。

2 问题提出

2.1 问题提出

尽管研究者们已经对孤独感进行了较丰富的研究，但现有研究结果基本都是在西方文化背景下得出的。在不同国家，年龄与孤独感之间没有完全一致的规律，要根据各国的文化特征而定。目前，针对中国大学生孤独感的深入研究较少，已有研究较多围绕对孤独感个别影响因素的探寻，缺乏纵向追踪研究的结果，缺乏对大学生孤独感积极意义的探究，缺乏对孤独感认知机制的探究。

总体来看，有关大学生孤独感的研究仍存在不足之处。其中一个比较重要的问题是，现有研究更多是从静态、横断面的视角考察大学生的孤独感及相关影响因素，未能揭示孤独感的变化。大学生的孤独感不是静态的，而是在不断发展变化，随着时间的推移，有些大学生的孤独感会减轻，有些大学生的孤独感可能进一步加重。哪些因素会对大学生孤独感的发展趋势产生关键影响？孤独感的不同发展轨迹会对个体的适应有什么影响？目前来看，已有的横向研究无法帮助我们回答这些问题，而纵向的发展轨迹研究可能有助于探究影响孤独感的关键要素。

长期处于孤独状态会对个体的身心造成巨大伤害，但是也有研究者指出，青春期的孤独感可能具有一定的积极作用。目前针对孤独感危害的研究较多，而对孤独感积极意义的探索较少。大学阶段是个体孤独感体验较强的时期，同时也是获得自我同一性的关键时期，孤独感可能与自我同一性的探索有关，这个阶段的孤独感与人生其他阶段的孤独感可能不同，对其开展研究具有积极意义。

目前的研究对孤独感的认知机制提出了理论设想，但是实证研究较少，脑电研究更少。认知偏差的观点认为，认知过程是孤独感产生的核心因素，孤独感来自个体所期待的社交关系与其真实感受到的社交关系之间的差距，非理性的想法和认知偏差导致个体的社交能力缺陷，从而引发孤独感。根据这一理论设想，孤独感个体可能存在注意偏差和解释偏差。但已有的少量研究尚未达成一致的结论，有的研究认为孤独感个体存在认知偏差，尤其体现在对消极刺激存在注意警觉；有的研究则认为孤独感个体不存在注意偏差；也有研究表明解释偏差影响个体的孤独感水平。

总而言之，在当前“健康中国”的时代背景下，为了有效提升大学生的心理健康水平，促进大学生的健康成长，急需厘清该群体的孤独感现状、孤独感发展轨迹的特点、不同发展轨迹的影响因素和适应情况，以及孤独感产生的认知机制。

2.2 研究构想

针对上述已有孤独感研究的不足与局限，本书中的研究拟从以下 4 个方面推进：第一，采用横断数据描述大学生孤独感现状和相关因素；第二，采用追踪研究描述大学生孤独感的发展轨迹及其影响因素；第三，通过实验研究探寻孤独感的认知机制；第四，通过追踪数据和实验数据了解大学生孤独感发展轨迹亚组的积极适应和消极适应。具体研究过程如下：

第一，通过对 6 所高校 2000 余名大学生的问卷调查，分析大学生群体中孤独感的分布现状，分析大学生孤独感的相关因素及其对孤独感的预测作用。

第二，通过对上海市 3 所高校 1000 余名大学生进行 4 次追踪研究，探索大学生孤独感发展变化的整体趋势、潜在亚组分类及影响因素。影响大学生孤独感发展轨迹的因素比较多，大致可以区分为个人特征、人际关系和文化三个方面。本研究拟通过 T1 时间点的数据分析，聚焦对大学生孤独感有重要预测作用的相关因素，探索其对大学生孤独感发展轨迹的影响；并通过 4 次追踪测查，借助潜变量增长模型（LGM）、增长混合模型（GMM）、并行潜变量增长模型（PP-LGCM）等统计手段，系统考察独处态度、人际关系能力、人际关系质量等对大学生孤独感发展轨迹的影响。

第三，通过行为实验和 ERP 研究探索大学生孤独感个体的认知加工机制。高孤独感个体可能存在对社会威胁信息的认知偏差，包括注意偏差和解释偏差。注意偏差研究采用改良版的点探测范式分析个体对情绪面孔注意偏差的具体成分，包括注意警觉和注意解除困难，并使用 ERP 研究考察个体注意偏差的脑生理成分。解释偏差研究采用词语关联范式了解个体对社会拒绝和接纳词汇的解释特征。

第四，开展大学生孤独感发展轨迹亚组的适应研究。本研究聚焦孤独感与适应的关系，包括心理适应、学业适应、社会适应，探索孤独感的消极影响和积极意义。心理适应采用抑郁、社会焦虑与生活满意度作为指标；学业适应采用学分绩点作为指标；社会适应采用自我同一性发展状态作为指标，因为自我同一性是人格发展的部分，同时也是个体社会适应的体现，自我同一性获得的个体社会适应会比较好，自我同一性扩散的个体社会适应会比较差。本书的研究框架见图 1–2。

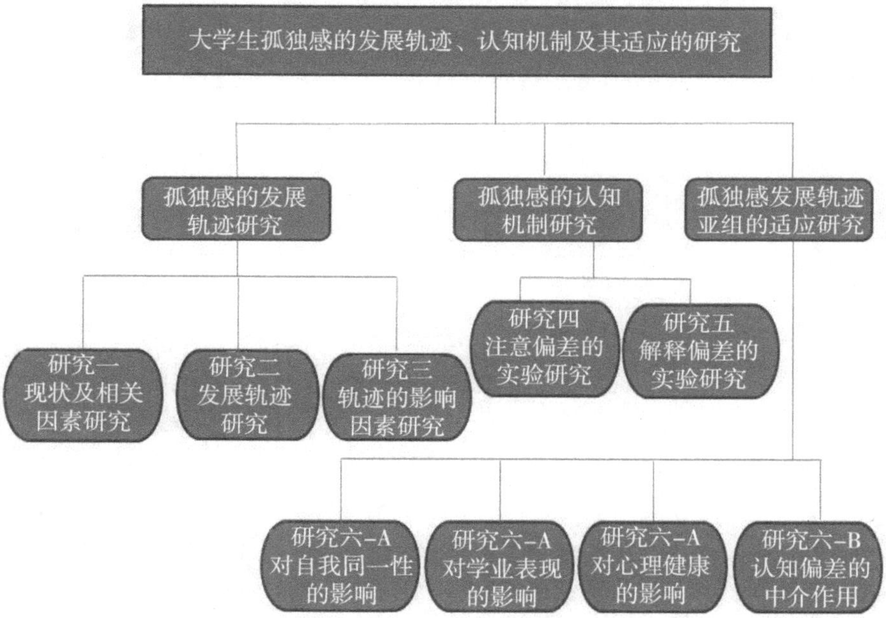

图 1–2　研究框架图

第 2 章
大学生孤独感的发展轨迹及其影响因素

本章将探讨大学生孤独感现状、发展轨迹，以及影响发展轨迹的因素，如大学生自身的特征和人际关系等。

研究一　大学生孤独感现状及相关因素分析

1　问题提出

孤独感是由于个体的社会关系网络在数量上的不足和质量上的低下导致的一种负性的主观情绪体验，是一种常见的不愉快的体验。在个体的一生中，孤独感随年龄增长呈 U 型分布，孤独感体验很高的阶段有两个，一个是青年时期，一个是老年时期。研究表明，青春期后期和青年早期是人生中孤独感体验非常强烈的时期，而大学生正处于这一阶段。这个阶段也是个体自我同一性形成的关键时期，所以孤独感和自我同一性之间可能具有密切的关系。大学阶段的孤独感可能具有发展的意义，在这个关键时期，感受到孤独未必是坏事，可能会促进个体的自我整合和创造性的发挥，促进个体自我意识形成和自我同一性获得，但长期处于孤独状态依然会对个体身心健康造成损害。

20 多年来，国内学者逐渐开始围绕孤独感进行研究。已有研究较多探讨孤独感与其他变量的关系，针对大学生孤独感现状分析的研究较少，而且样本量也不够大，所以本研究拟通过问卷调查分析大学生孤独感现状，并在此基础上探索人格特质、独处态度和人际关系能力与质量对孤独感的影响。本研究假设孤独感在大学生群体中普遍存在，大学生的孤独感体验偏高，并且男生的孤独感体验高于女生。

2 研究方法

2.1 被试

选取上海6所大学（包括重点、一般、民办高校）的四个年级的学生，发放问卷2351份，剔除无效问卷后，获得有效问卷2311份，有效回收率98.30%。其中，男生863人，占37.34%，女生1137人，占49.20%，311人（占13.46%）性别信息未填；大一学生984人，占42.58%，大二学生728人，占31.50%，大三学生401人，占17.35%，大四学生198人，占8.57%。被试者总体年龄范围为17~24岁，平均年龄为20.65岁（*SD*=1.06岁）。

2.2 工具

2.2.1 孤独感量表

采用Russell等人在1996年修订的孤独感量表的第三版，主要评价由于个体对社会交往的渴望与实际水平的差距而产生的孤独感。全量表共有20个题目，采用4级计分（1=完全不符合，4=完全符合），其中有9个题目为反向计分。对反向计分题目进行转换后计算总分，总分越高表示个体的孤独程度越高。该量表在中国文化背景下具有良好的信效度。本研究中该量表的Cronbach' α 系数为0.88。

2.2.2 “大五”人格量表

采用Gosling等人修订的“大五”人格问卷精简版。该量表为Likert 7点量表（1=完全不同意，7=完全同意），共包含10个题目，其中5个题目为反向计分。五因子的归属情况如下：项目1和项目6属于外倾性因子，项目2和项目7属于宜人性因子，项目3和项目8属于尽责性因子，项目4和项目9属于神经质因子，项目5和项目10属于开放性因子。李金德对该量表修订并命名为中国版10项目“大五”人格量表（TIPI-C），该量表具有较好的信效度，可以作为研究“大五”人格的工具。

2.2.3 独处态度量表

采用Marcoen等人编制的孤独与独处问卷中的亲近独处分量表和厌恶独处分量表，测量大学生的独处态度。两个分量表各12个题目，采用4级计分（1=从来没有，4=经常如此），亲近独处分量表得分越高表明对独处的态度越积极（如我希望有独处的时间），厌恶独处分量表得分越高表明对独处的态度越消极（如我一个人的时候感觉很糟糕）。该量表在对大学生群体施测时具有较好的信效度。本研究中所采用的亲近独处分量表的 Cronbach'α 系数为 0.76，厌恶独处分量表的 Cronbach'α 系数为 0.79。

2.2.4 人际关系能力量表

采用 Buhrmester 等人编制、曾晓强修订的大学生人际关系能力问卷（Interpersonal Relations Ability Questionnaire，ICQ）精简版。该量表共包括 15 个题目，分为 5 个维度，分别是主动性、权力维护、坦诚、情感支持、冲突管理，采用 5 级计分（1=非常困难，5=非常容易），得分越高代表个体人际关系能力越强。该量表在中国文化背景下具有良好的信效度。本研究中该量表的 Cronbach'α 系数为 0.86。

2.2.5 人际关系质量量表

采用 Buhrmester 和 Furman 编制、孔箴修订的关系质量问卷（Relationship Quality Version，RQV）中文版，测查大学生与父母、同伴的关系。该问卷共包含 10 个特征内容、30 个题目，每个特征内容由 3 个题目组成，评估关系质量中的 5 个积极特征，分别是陪伴、袒露、情感支持、认同和满意（统称为亲密性），以及 5 个消极特征，分别是冲突、批评、压力、排斥和优势（统称为冲突性）。本研究中，评测亲子关系时，该量表的 Cronbach'α 系数为 0.80；评测朋友关系时，该量表的 Cronbach'α 系数为 0.83。

2.3 实验程序

首先，对承担测试任务的主试者进行注意事项和指导语的培训。然后，以班级为单位组织施测，施测后当即收回问卷。在指导语中向被试者说明本次调查的目的，并承诺会对被试者的回答保密，被试者会获得一份精美的小礼物。

2.4 分析思路

采用 IBM SPSS Statistics 24.0 软件对数据进行整理和分析。首先，对被试者的数据进行整理，检验极端值和无效问卷；其次，进行描述性统计分析，包括各变量的均值和标准差、单样本 t 检验、单因素方差分析、相关分析等；再次，为了考察各因素对大学生孤独感的影响，采用逐步回归分析的方法，依次对各变量进行方差分析，考察其对大学生孤独感的解释率；最后，为了排除多重共线性的影响，回归分析时进行共线性检验。

3　结果分析

3.1　大学生孤独感现状

调查结果显示，大学生孤独感平均得分为 40.67±9.06，国内常模为 40.1±9.50。单样本 t 检验结果表明，被试者的孤独感得分显著，高于国内平均水平（$t=3.04$，$p<0.01$，d = 0.12）。这表明大学生的孤独感水平偏高。

3.2　大学生孤独感在各人口学变量上的差异

大学生孤独感在各人口学变量上的描述性统计分析如表 2-1 所示。

表 2-1　大学生孤独感在各人口学变量上的描述性统计分析

变量	水平	*M±SD*	*F*	*p*
性别	男	41.27±9.50	8.17	0.004
	女	40.11±8.60		
年级	大一	40.80±9.07	2.41	0.065
	大二	40.26±9.16		
	大三	41.54±9.13		
	大四	39.80±8.38		

分别以性别、年级为自变量，孤独感为因变量，进行单因素方差分析。结果表明，大学生孤独感的性别差异显著，男生的孤独感显著高于女生［F（1，1998）= 8.17，$p<0.01$，$\eta^2=0.04$］。大学生孤独感在年级方面不存在显著差异。

相关分析结果表明（见表 2-2），大学生孤独感与人格特质、人际关系能力及质量显著负相关，与亲近独处、厌恶独处显著正相关。

表 2-2　各变量间相关分析情况

变量	1	2	3	4	5	6	7	8	9	10	
1. 孤独感	1.00										
2. 外倾性	-0.28***	1.00									
3. 宜人性	-0.09***	-0.12***	1.00								
4. 尽责性	-0.26***	0.15***	0.15***	1.00							
5. 神经质	-0.24***	-0.01	0.30***	0.33***	1.00						
6. 开放性	-0.19***	0.21***	-0.01	0.28***	0.11***	1.00					
7. 厌恶独处	0.34***	-0.09***	-0.02	-0.20***	-0.22***	-0.17***	1.00				
8. 亲近独处	0.30***	-0.21***	-0.01	-0.01	-0.09***	0.02	0.14***	1.00			
9. 人际关系能力	-0.38***	0.26***	0.04	0.24***	0.17***	0.26***	-0.24***	-0.15***	1.00		
10. 朋友关系质量	-0.40***	0.13***	0.17***	0.21***	0.17***	0.18***	-0.20***	-0.09***	0.33***	1.00	
11. 亲子关系质量	-0.39***	0.13***	0.15***	0.25***	0.15***	0.18***	-0.20***	-0.09***	0.29***	0.75***	1.00

注：*表示 $p<0.05$，**表示 $p<0.01$，***表示 $p<0.001$，下同。

3.3 大学生孤独感的相关因素分析

为进行大学生孤独感的相关因素分析，首先，我们考察大学生孤独感与人格特质、独处态度、人际关系能力及朋友关系质量的相关情况；然后，采用分层 Stepwise 逐步多元线性回归法，分析人口学变量及人格特质、独处态度、人际关系能力及质量对大学生孤独感的预测情况。此外，将性别、年级作为控制变量放在第一层，将人格特质、独处态度、人际关系能力及质量放在第二层，并检验回归模型的多重共线性情况。结果见表 2-3。

表 2-3 各变量对大学生孤独感的逐步回归分析

预测变量	*B*	*β*	*T*	*F*	R^2	ΔR^2	*VIF*
性别	−1.08	−0.06	−2.60*				1.000
年级	−0.04	−0.004	−0.20	3.402*	0.004	0.004	1.000
朋友关系质量	−0.21	−0.42	−19.51***	380.48***	0.171	0.167	1.047
亲近独处	0.73	0.28	13.69***	187.39***	0.245	0.075	1.016
厌恶独处	0.61	0.24	12.36***	152.71***	0.302	0.056	1.054
人际关系能力	−3.11	−0.20	−9.86***	97.28***	0.336	0.034	1.164
外倾性	−0.86	−0.14	−7.15***	51.07***	0.354	0.018	1.112
神经质	−0.93	−0.13	−6.60***	43.53***	0.368	0.015	1.093
尽责性	−0.64	−0.09	−4.41***	19.43***	0.375	0.006	1.210
亲子关系质量	−0.05	−0.10	−3.69***	13.60***	0.379	0.004	2.252

回归分析结果显示，在控制性别、年级的影响下（性别，$\beta=-0.06$，$p<0.05$；年级，$\beta=-0.004$，$p>0.05$），有 8 个变量对大学生孤独感有显著的预测作用，分别是朋友关系质量（$\beta=-0.42$，$p<0.001$）、亲近独处（$\beta=0.28$，$p<0.001$）、厌恶独处（$\beta=0.24$，$p<0.001$）、人际关系能力（$\beta=-0.20$，$p<0.001$）、外倾性（$\beta=-0.14$，$p<0.001$）、神经质（$\beta=-0.13$，$p<0.001$）、尽责性（$\beta=-0.09$，$p<0.001$）和亲子关系质量（$\beta=-0.10$，$p<0.001$），共解释 37.9%的孤独感变异。且 *VIF* 均小于 3，表明不存在显著的多重共线性。其中，朋友关系质量、亲近独处、厌恶独处及人际关系

能力对孤独感变异的解释率为 33.6%，说明大学生朋友关系质量、人际关系能力，以及对独处的态度是影响其孤独感的主要因素；人格特质因素也对孤独感有预测作用，对孤独感变异的解释率为 3.9%，其中外倾性、神经质和尽责性对孤独感有显著预测作用；亲子关系质量对孤独感的影响效应最小，对孤独感变异的解释率仅为 0.4%。总之，研究发现，人际关系因素（包括人际关系能力和朋友关系质量）和独处态度（亲近独处和厌恶独处）对大学生孤独感有较强的预测作用，人格特质对大学生孤独感有少量的预测作用，亲子关系质量对大学生孤独感的预测作用最小。

4 讨论

本研究结果显示，大学生的孤独感水平偏高，这与以往研究结果一致。在人生的第二个十年里，青少年实际上花更多的时间在自己身上，他们对独处表现出更积极的态度。这是因为个体要进行身份识别工作，要重新建构与自己、与他人、与世界的关系。但这与该年龄段迫切需要同伴交往的需求是矛盾的，所以会导致孤独感的体验非常强烈。当个体完成这个探索阶段，人际关系网达到新的平衡，形成新的人际自我概念，孤独感就会减轻。但是，自我同一性获得之后，在下一个人生阶段，个体面临的新任务是建立亲密关系，当建立亲密关系的任务没有完成时，个体依然会体验到较强的孤独感，只有到本阶段的任务完成时，孤独感才会减轻。

本研究结果显示，大学生孤独感体验存在显著的性别差异，男生的孤独感得分显著高于女生，这可能与男生更不擅长表达、在人际关系上的投入少于女生有关。研究发现，男性更注重自我探索，女性更注重人际关系投入，在人际交往中，男性的情感表达能力弱于女性，寻找、培养和保持人际关系网的能力也弱于女性，女性在关系建立方面比男性有优势，更擅长处理人际问题，也更能理解细微的人际线索，所以女性可能更容易建立良好的人际关系，减轻自己的孤独感。

本研究结果显示，大学生孤独感与人格特质、人际关系能力及人际关系质量显著负相关，与亲近独处、厌恶独处显著正相关，这与以往研究结果一致。人格特质会影响个体的人际需要与表现，从而影响个体的孤独感体验。“大五”人格与青少年的社会适应行为存在显著关系，个体的外倾性越强、开放性越强、宜人性越强、尽责性越强、神经质倾向越不明显，则越有利于建立良好的人际关系，孤独感体验越低。人际关系能力一直是孤独感研究中比较受关注的一个变量，人际关系能力强的个体更有可能获得令人满意的人际关系，孤独感体验较低。人际关系质量也会直接影响孤独感，个体对同伴关系、婚姻关系以及家庭关系的不满是预测其孤独感的显著性因素。独处态度会影响个体对独处的接受度，从而影响孤独感体验，过度地厌恶独处和亲近独处都会导致更强的孤独感，适中的独处态度更有利于个体健康。

本研究中的回归分析结果表明，8 个变量对大学生孤独感有显著的预测作用，分别是朋友关系质量、亲近独处、厌恶独处、人际关系能力、外倾性、神经质、亲子关系质量、尽责性，共解释 37.9%的孤独感变异。其中，朋友关系质量、亲近独处、厌恶独处及人际关系能力对孤独感变异的解释率为 33.6%，说明这 4 个因素是影响大学生孤独感的主要因素，这可能与本研究聚焦人际孤独感有关。亲子关系质量虽对大学生孤独感也有影响，但其影响要弱于朋友关系质量，这与以往研究结果一致。这可能是由于大学生经历了青少年期亲子关系和同伴关系的变化，如与父母冲突增多、远离家庭求学、更加依赖同伴等，所以与父母关系相比，大学生更注重朋友关系质量。人格特质对大学生孤独感也有少量的预测作用，对孤独感变异的解释率为 3.9%，仅外倾性、神经质和尽责性对孤独感有显著预测作用。

5 小结

本研究得到以下几个结论：

（1）大学生的孤独感水平偏高。

（2）男生孤独感体验强于女生。

（3）人际关系因素（包括人际关系能力和朋友关系质量）和独处态度（亲近独处和厌恶独处）对大学生孤独感有较强的预测作用，人格特质对大学生孤独感有少量的预测作用，亲子关系质量对大学生孤独感的预测作用最小。

（4）亲子关系质量对大学生孤独感的影响要弱于朋友关系质量。

（5）人格特质中的外倾性、神经质和尽责性对大学生孤独感有显著预测作用。

研究二　大学生孤独感的发展轨迹及性别差异

1　问题提出

目前，针对孤独感发展规律的纵向研究相对薄弱，已有研究更多集中在童年、青少年时期以及成年晚期。横向研究发现，青春期后期和青年早期是个体孤独感体验非常强烈的时期，15～30 岁是孤独感体验最强的阶段，30 岁时孤独感体验到达顶峰，随后下降，到老年晚期（80 岁以后）达到并超过 30 岁时的水平。但对青春期后期和青年早期个体孤独感发展轨迹的研究很少，这个阶段个体孤独感的发展规律也并不清晰。本研究的目的是通过 4 次问卷调查的纵向研究，探索大学生孤独感的发展轨迹。根据大学生孤独感发展阶段的特点、已有横向研究的结果以及大学生孤独感现状调研的结果，本研究假设大学阶段个体孤独感发展轨迹呈上升趋势。

通过发展轨迹的研究，可以得知群体整体的发展态势，但实际上，个体的孤独感存在不同的发展轨迹。比如在孤独感整体体验比较低的群体中，依然有一直体验到高孤独感的个体，或者孤独感体验从低变高的个体；而在孤独感整体体验比较高的群体中，依然有一直体验到低孤独感的个体，或者孤独感体验从高变低的个体。群体中的孤独感是否存在个体差异，以及这些差异的特征在这一时期的连续性和变化性等，需要通过对发展轨迹的研究得知。

在已有的针对青春期个体的研究中，一般将个体孤独感发展轨迹分为不同亚组，包括稳定低孤独组、稳定高孤独组、缓慢增长组、缓慢降低组、快速增长组、快速降低组等。本研究假设大学生孤独感发展轨迹的亚组可能包括稳定低孤独组、稳定高孤独组、低孤独升高组和高孤独降低组。研究一的研究结果显示男生的孤独感体验强于女生，本研究假设孤独感的发展轨迹也存在性别差异，主要表现是在各亚组的人群分布中会有显著的性别差异，比如稳定高孤独组中男生会显著多于女生、稳定低孤独组中男生会显著少于女生。

2 研究方法

2.1 被试与程序

被试者为上海市3所大学的一、二年级学生。研究历时两年，共进行了4次测试。第一次测试安排在2017年5月，发放问卷970份，其后3次测试分别安排在2017年11月、2018年5月、2018年11月，由于转学、毕业实习等原因，分别流失被试者72人、139人和264人。为保障数据分析结果的可靠性，本研究最终保留830份至少参与3次测试的被试者数据。其中，男生370名（44.6%），女生460名（55.4%）；大一年级425名（51.2%），大二年级405名（48.8%）；被试者平均年龄为19.77岁（SD=0.91岁），独生子女占58.7%。卡方及t检验结果表明，除在第二次施测时男生流失高于女生［χ^2（1）=4.33，$p<0.05$］、第四次施测时大二学生流失高于大一学生［χ^2（1）=8.79，$p<0.01$］且流失被试者孤独感体验显著高于参与被试者［t（829）=2.10，$p<0.05$］外，其他几次测试在性别、年级和孤独感上均不存在显著差异，表明不存在严重的被试者结构化流失。

2.2 工具

本研究所采用的孤独感量表同研究一。本研究中4次测试所采用量表的Cronbach'α系数依次是0.89、0.90、0.89、0.88。

2.3 数据分析策略

首先，为了探究大学生孤独感的一般发展轨迹，本研究采用Mplus 7.4软件构建LGM。与传统统计方法（如重复测量方差分析等）只关注群体均值不同，LGM可以同时估计群组和个体变异。LGM利用某一变量不同时间点的实际测量值去估计模型的两个潜变量，即变量的截距和斜率，其中截距代表初始水平，斜率代表变化轨迹。截距反映了某一变量整体初始水平的均值，截距变异量则代表每个个体初始水平的异质性程度；而斜率表示变量整体的变化速率，斜率变异量则代表每个个体变化速率的异质性程度。单纯反映某一变量截距和斜率及其异质性程度的模型称为无条件

LGM。若截距和斜率这两个参数与时变变量或时不变变量存在某种共变关系，那么描述这些变量对某一变量变化趋势影响的方程称为有条件 LGM。本研究首先构建无条件 LGM 考察大学生孤独感的发展轨迹，并探究大学生孤独感的初始水平和变化速率是否存在显著的个体差异。此外，为了检验大学生孤独感发展轨迹是线性还是非线性，本研究分别构建线性无条件 LGM 和非线性无条件 LGM［非线性模型是在线性模型的基础上增加一个表示斜率变化率（即曲线斜率）的二次项，若该系数显著，则表明大学生孤独感发展轨迹呈非线性变化］。为了考察大学生孤独感发展轨迹是否存在性别和年级差异，本研究还在无条件 LGM 的基础上纳入性别和年级这两个时不变变量，构建有条件 LGM。

其次，为了探究大学生孤独感发展轨迹的潜在亚组，本研究在 Mplus 7.4 软件中采用 GMM 对 4 次孤独感追踪数据进行分析。GMM 同时存在两种潜变量——连续潜变量和类别潜变量，连续潜变量用于描述初始差异和发展趋势的随机截距和随机斜率因子，类别潜变量则通过将群体分成互斥的潜类别亚组来描述群体的异质性。GMM 是从初始模型开始（假定所有样本只存在一个类别），通过逐步增加模型中的类别数目，比较各模型的检验指标，最终找到拟合效果最好的模型。检验 GMM 的指标有很多，主要有似然比（Log likelihood Ratio，LR）、艾凯克信息准则（Akaike Information Criterion，AIC）和样本校正的贝叶斯信息准则（Sample-Size Adjusted Bayesian Information Criterion，aBIC），这几个数值越小表示模型拟合得越好。在分析过程中，还会使用 Entropy 指数评估分类的精确程度，Entropy 的取值范围为 0~1，取值大于等于 0.70 表示分类精确。此外，Mplus 还提供似然比检验指标 Lo-Mendell-Rubin（LMR）和基于 Bootstrap 的 Lo-Mendell-Rubin（BLRT），用于比较潜在类别模型的拟合差异，如果这两个值的 p 值达到显著水平，则表明 k 个类别的模型显著优于 k-1 个类别的模型。本研究采用的检验指标包括贝叶斯信息准则（Bayesian Information Criterion，BIC），BIC 值越小越好；Lo-Mendell-Rubin 似然比检验（LMR-LRT），p 值显著说明支持 k 组分类而拒绝 k-1 组分类。同时，为了选择最佳模型，每个亚组的人数在总被试者数量中的占比控制在不低于 1%。

最后，采用多项式回归模型比较大学生孤独感发展轨迹各潜在亚组的性别差异。采用 *OR* 值（Odd Ration）比较各亚组间的差异，*OR* 值表示预测变量每变化一个单位，个体归入某个亚组的可能性是参照组的多少倍。

3 结果分析

3.1 描述性统计结果

4 次施测被试者孤独感的均值、标准差及相关系数如表 2-4 所示。

表 2-4 各变量的均值、标准差及相关系数矩阵

变量	*M*	*SD*	1	2	3	4
T1 孤独感	40.11	8.82	1.00			
T2 孤独感	40.89	9.17	0.52***	1.00		
T3 孤独感	41.59	9.15	0.51***	0.51***	1.00	
T4 孤独感	41.59	9.10	0.39***	0.48***	0.54**	1.00

注：T1、T2、T3、T4 分别为第一次、第二次、第三次、第四次测量，下同。

研究结果显示，孤独感具有中等程度的稳定性。以 4 次施测被试者的孤独感为因变量，性别（0=男，1=女）和年级（0=大一，1=大二）为自变量，进行多元方差分析。结果表明，被试者孤独感的性别差异显著［Wilks'λ=0.97，F（4，618）=4.96，p<0.001，偏 η2=0.03］；孤独感的年级差异及性别与年级的交互作用均不显著。单变量方差分析结果表明，第一次测试、第三次测试和第四次测试中男生的孤独感水平显著高于女生（偏 η2=［0.01，0.03］，p<0.01）。

3.2 大学生孤独感的一般发展轨迹

3.2.1 大学生孤独感发展轨迹：无条件 LGM

为了解大学生孤独感的发展轨迹，本研究分别构建孤独感的无条件线性 LGM 和无条件非线性 LGM。结果发现，无条件线性 LGM 拟合良好（χ^2/df=1.00，CFI=1.000，TLI=1.000，RMSEA=0.000，SRMR=0.032），无条件非线性 LGM 拟合良好（χ^2/df = 0.01，CFI = 1.000，TLI = 1.011，RMSEA=0.000，SRMR=0.001）。从表 2-5 可以看出，线性 LGM 和非线性 LGM 的截距和斜率差异均显著，曲线斜率系数差异不显著，表明大学生孤

独感随时间增长呈线性变化。

表 2-5　大学生孤独感发展轨迹的无条件 LGM 估计结果

模型	系数估计		*Estimate*	*S. E.*	*t*	*p*
线性模型	均值	$I_{(孤独感)}$	40. 23***	0. 29	136. 92	0. 000
		$S_{(孤独感)}$	0. 59***	0. 12	5. 10	0. 000
	方差	$I_{(孤独感)}$	48. 17***	4. 18	11. 52	0. 000
		$S_{(孤独感)}$	3. 67***	0. 80	4. 57	0. 000
	协方差	$I_{(孤独感)} \longleftrightarrow S_{(孤独感)}$	−0. 37***	0. 07	−5. 12	0. 000
非线性模型	均值	$I_{(孤独感)}$	40. 10***	0. 30	133. 03	0. 000
		$S_{(孤独感)}$	1. 06**	0. 33	3. 21	0. 001
		$Q_{(孤独感)}$	−0. 17	0. 11	−1. 53	0. 127
	方差	$I_{(孤独感)}$	33. 00**	9. 96	3. 31	0. 001
		$S_{(孤独感)}$	−15. 60	13. 35	−1. 17	0. 243
		$Q_{(孤独感)}$	−1. 26	1. 11	−1. 14	0. 254

注：$I_{(孤独感)}$ 表示大学生孤独感发展轨迹的截距，$S_{(孤独感)}$ 表示大学生孤独感发展轨迹的斜率；$Q_{(孤独感)}$ 表示大学生孤独感发展轨迹的曲线斜率；双向箭头表示相关关系。

对于大学生孤独感的无条件线性 LGM，截距因子和斜率因子均值分别为 40. 23（t=136. 92，p<0. 001）和 0. 59（t=5. 10，p<0. 001），差异均显著，表明大学生孤独感随着时间推移呈线性增长；且截距因子与斜率因子呈显著负相关（β=−0. 37，p<0. 001），表明大学生孤独感初始水平与斜率呈反向关系，初始水平越高，孤独感增长的速率越慢；此外，截距方差和斜率方差分别为 48. 17（t = 11. 52，p < 0. 001）和 3. 67（t = 4. 57，p < 0. 001），表明大学生孤独感的初始水平和增长速度存在显著的个体差异。

3. 2. 2　大学生孤独感发展轨迹：有条件 LGM

为了进一步考察大学生孤独感的发展轨迹是否存在性别和年级差异，本研究在无条件 LGM 的基础上纳入性别和年级这两个时不变变量，构建有条件 LGM。结果表明（见图 2-1），有条件线性 LGM 拟合良好（χ^2/df = 1. 95，CFI = 0. 987，TLI = 0. 981，RMSEA = 0. 034，SRMR = 0. 028）。男女被试者在孤独感初始水平（$\beta=-0.12$，$p<0.01$）和变化速率（$\beta=-0.13$，$p<0.05$）上均存在显著差异，男生的孤独感初始水平显著高于女生，但女生的孤独感增长速率显著高于男生。此外，控制性别和年级因素的影响后，截距和斜率的变异分别为 47.36（$t=11.32$，$p<0.001$）和 3.63（$t=4.54$，$p<0.001$），均有所下降但仍显著大于 0，这表明仍存在某些变量导致大学生孤独感初始水平和增长速率产生个体差异，有必要进一步考察大学生孤独感发展轨迹的异质性特征。

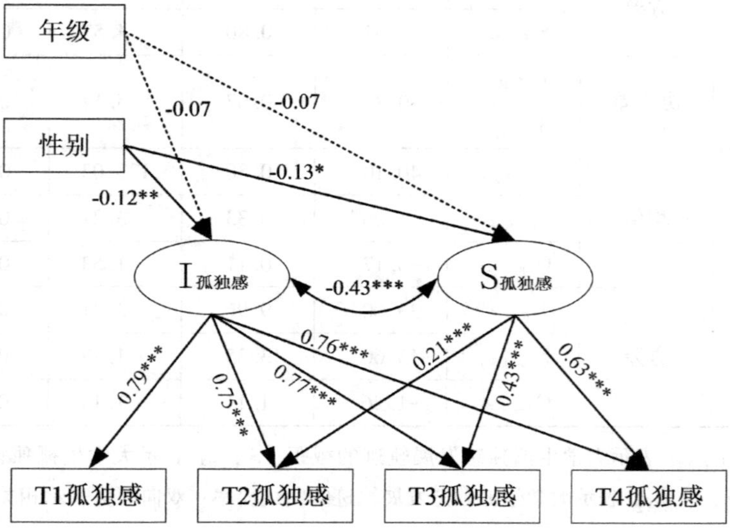

图 2-1　大学生孤独感发展轨迹的有条件 LGM 模型图

3.3　大学生孤独感发展轨迹的亚组分析

3.3.1　大学生孤独感发展轨迹亚组分类

本研究采用时间自由估计的 GMM。为了控制性别和年级差异的影响，本研究将性别和年级作为控制变量，依次构建 5 个包含控制变量的分类数递增的 GMM，各拟合指数汇总和类别概率见表 2-6。

表 2-6 GMM 各拟合指数汇总和类别概率

分类数	Log（L）	BIC	aBIC	AIC	Entropy	LMR	BLRT	类别概率
1	−10818.35	21730.81	21686.35	21664.71				
2	−10791.64	21710.99	21650.65	21621.28	0.64	<0.01	<0.001	0.652/0.349
3	−10777.00	21715.32	21639.11	21602.01	0.67	>0.05	<0.001	0.586/0.357/0.058
4	**−10754.36**	**21703.64**	**21611.55**	**21566.72**	**0.72**	**<0.01**	**<0.001**	0.554/0.341/0.077/0.028
5	−10744.21	21716.95	21608.98	21556.42	0.77	<0.001	<0.001	0.553/0.340/0.077/0.029/0.001

注：黑体表示最佳拟合模型。

随着分类数增多，似然比 Log（L）和信息指数 AIC 及 aBIC 不断减小。综合比较，分类数为 4 时 Entropy 值（0.72）最高，且 LMR 值和 BLRT 值差异均能达到非常显著的水平。由于 LMR 值和 BLRT 值是对潜在类别的分类最为敏感的指标，并结合 Log（L）、AIC、aBIC、Entropy 指数，本研究最终选择 4 个潜在类别的分类作为最终模型。

确定模型后，我们来进一步考察每个亚组的发展轨迹（见图 2-2）。在 GMM 中，可以获得每个亚组的截距均值和斜率均值。每个亚组的截距均值和斜率均值分别为 C1，44.76（SE = 0.65，$p<0.001$）和 0.56（SE = 0.19，$p<0.01$）；C2，35.96（SE = 0.96，$p<0.001$）和 −0.38（SE = 0.25，$p>0.05$）；C3，32.39（SE = 1.49，$p<0.001$）和 3.73（SE = 0.99，$p<0.001$）；C4，47.32（SE = 2.12，$p<0.001$）和 −4.00（SE = 1.08，$p<0.001$）。每个亚组的截距均值和斜率均值与其他亚组的差异都非常显著。

C1、C4 的孤独感初始值得分（截距均值）较高，而 C2、C3 的孤独感初始值得分相对较低；C3、C4 斜率均值的绝对值均高于 C1，C2 斜率均值系数差异不显著。总的来说，C1 的孤独感水平随时间变化略微上升，C2 的孤独感水平随时间变化基本不变，C3 的孤独感水平随时间变化显著上升，C4 的孤独感水平随时间变化显著下降。

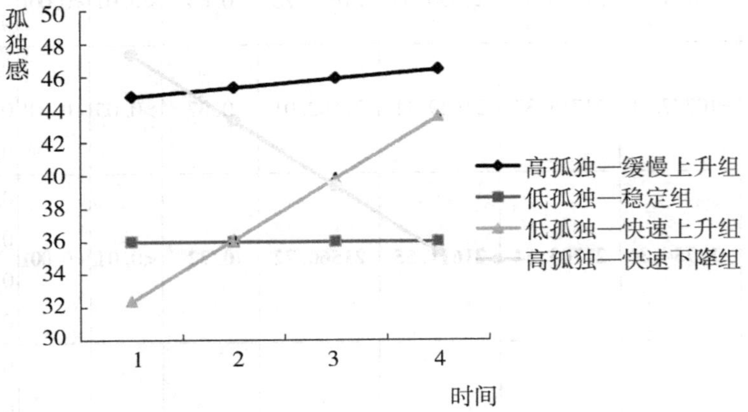

图 2-2　大学生孤独感发展轨迹亚组分析结果

结合截距和斜率，我们可以看到 4 个亚组的变化趋势。C1、C2 分别呈现出高水平孤独感略上升和低水平孤独感稳定不变，C3、C4 分别呈现出孤独感水平从高到低和从低到高的显著变化。由此，我们分别定义了 4 个亚组的名称：C1 为高孤独—缓慢上升组（460 人），占样本总数的 55. 42%；C2 为低孤独—稳定组（283 人），占样本总数的 34. 10%；C3 为低孤独—快速上升组（64 人），占样本总数的 7. 71%；C4 为高孤独—快速下降组（23 人），占样本总数的 2. 77%。

3. 3. 2　大学生孤独感发展轨迹亚组的性别差异

我们采用多元逻辑斯蒂回归模型比较大学生孤独感发展轨迹亚组的性别差异。以高孤独—缓慢上升组作为对照，分别与高孤独—快速下降组、低孤独—稳定组、低孤独—快速上升组进行比较，结果表明，相比高孤独—缓慢上升组，低孤独—稳定组的女生占比高于男生。大学生孤独感发展轨迹各亚组性别比例及多元逻辑斯蒂回归分析结果见表 2-7 和表 2-8。

表 2-7　大学生孤独感发展轨迹各亚组性别比例分析

	男生	女生	总计
高孤独—缓慢上升组	242（52.61）	218（47.39）	460（55.42）
低孤独—稳定组	69（24.38）	214（75.62）	283（34.10）
低孤独—快速上升组	42（65.63）	22（34.37）	64（7.71）
高孤独—快速下降组	17（73.91）	6（26.09）	23（2.77）

注：数字表示人数，括号内数字表示百分比。

表 2-8　多元逻辑斯蒂回归分析结果

	高孤独—快速下降组（vs 高孤独—缓慢上升组）			低孤独—稳定组（vs 高孤独—缓慢上升组）			低孤独—快速上升组（vs 高孤独—缓慢上升组）		
	OR	*Est.*	*SE*	*OR*	*Est.*	*SE*	*OR*	*Est.*	*SE*
性别	6.59	0.94	0.48	0.40	-1.24***	0.17	2.97	-2.29	0.28

注：*OR*=Odds Ratio，*Est.* 为参数估计值，*SE* 为标准差。

4　讨论

4.1　大学生孤独感体验整体呈线性增长

本研究结果显示，大学生的孤独感随着时间推移呈线性增长，即大学阶段个体孤独感体验呈现上升趋势，这与以往研究结果一致。大学阶段的高孤独感体验可能与大学生群体仍处于自我同一性的探索形成期有关。从青春期开始，个体开始愿意花更多的时间在自己身上，利用这些时间进行自我反思，同时远离父母，开始寻求独立性和自治的过程，这个阶段个体要努力构建一种与成人一样的特殊身份，从而获得成人的特权与认可。但是这个过程充满了风险，因为它需要个体在竞争和亲密之间保持微妙的平衡，空间距离有利于个体的个性化和自主性的发展，但这会使得社会关系的需求不能得到满足，所以孤独的痛苦体验随之而来。

4.2　大学生孤独感亚组的分类特点

本研究依据孤独感得分将被试大学生分为 4 个亚组，分别是高孤独—

缓慢上升组（55.42%）、低孤独—稳定组（34.10%）、低孤独—快速上升组（7.71%）、高孤独—快速下降组（2.77%）。高孤独—缓慢上升组的个体数最多，占样本总数的一半以上，他们的孤独感体验比较强烈，并且呈逐渐增长的趋势；低孤独—稳定组的个体约占样本总数的三分之一，他们的孤独感体验较弱，而且比较稳定地处于低孤独的状态中。这两组的孤独感体验变化相对较小，个体总数占样本总数的近 90%。孤独感体验出现快速变化的两个组分别是低孤独—快速上升组和高孤独—快速下降组，这两个组的个体总数占样本总数的 10%左右，其中低孤独—快速上升组的个体数更多，占样本总数的 7.71%，高孤独—快速下降组的个体数最少，占样本总数的 2.77%。低孤独—快速上升组的孤独感起始水平低于低孤独—稳定组，他们的初始孤独感体验最弱，但孤独感体验快速上升后与高孤独—缓慢上升组接近，个体的孤独感体验呈快速增加的趋势；高孤独—快速下降组的孤独感起始水平高于高孤独—缓慢上升组，他们的初始孤独感体验最强，但孤独感体验快速下降后低于低孤独—稳定组，个体的孤独感体验呈快速下降的趋势。

一些针对青春期个体的追踪研究发现，处于稳定低孤独感状态的个体最多，处于稳定高孤独感状态的个体较少，这与本研究结果不同。这可能与研究对象的年龄阶段和文化差异有关，这些研究分别针对 9~15 岁、12~18 岁、15~20 岁的个体，而且都是在西方文化背景下进行的，而本研究的被试者为中国大学生。有研究者认为，在不同国家，年龄与孤独感之间没有完全一致的规律，要根据国家的文化特征而定。一些研究发现，中国大学生的孤独感水平高于美国大学生，这可能是因为在集体主义文化中，对社会关系的期望值更高，因而更难满足，所以孤独感体验更强；而在个人主义文化中，对社会关系的期望值更低，因而更容易满足，所以孤独感体验更弱。

4.3 大学生孤独感发展轨迹的性别差异

研究发现，大学生孤独感发展轨迹存在显著的性别差异，高孤独感—缓慢上升组、低孤独—快速上升组和高孤独—快速下降组的男生占比均高于女生，低孤独—稳定组的女生占比远远高于男生。多元逻辑斯蒂回归模型比较结果表明，相比高孤独—缓慢上升组，低孤独—稳定组的女生占比高于男生。所以，男生的孤独感体验强于女生。这可能是因为男性更注重自我探索，女性更注重人际关系投入，在人际交往中，男性的情感表达能力弱于女性，寻找、培养和保持人际关系网的能力也弱于女性，女性在关系建立方面比男性有优势，更擅长处理人际问题，也更能理解细微的人际线索，同时女性更重视二元关系，所以女性更容易建立良好的人际关系，减轻自己的孤独感。

5　小结

本研究得到以下几个结论：

（1）大学生的孤独感整体呈线性增长趋势。

（2）大学生孤独感的发展轨迹可以分为 4 个亚组，分别是高孤独—缓慢上升组、低孤独—稳定组、低孤独—快速上升组、高孤独—快速下降组。

（3）大学生孤独感发展轨迹存在显著的性别差异，男生的孤独感体验强于女生。

研究三　大学生孤独感发展轨迹的影响因素

大学生孤独感发展轨迹的主要影响因素包括背景变量，如性别和年级等；个人特征，如人格特质和独处态度等；人际关系特征，如人际关系能力和人际关系质量等。研究一的横向研究发现对大学生孤独感预测作用最大的是朋友关系质量、独处态度和人际关系能力，这与本研究聚焦人际孤独感是非常吻合的。本研究在横向研究的基础上，探索大学生孤独感发展轨迹的影响因素，重点探讨对大学生孤独感预测作用最大的三个因素对大学生孤独感发展轨迹的影响。

研究三—A　独处态度对大学生孤独感发展轨迹的影响

1　问题提出

独处态度是指个体对独处的客观状态的主观感受。早先的一项研究表明，对独处持积极态度的人并不反对独处，而是积极创造机会远离他人；而讨厌独处的人则倾向于拒绝和避免独处，他们会努力创造机会建立社会纽带。从这个意义上说，独处态度会影响个体的人际交往行为，从而影响孤独感体验。研究表明，过度地亲近独处和厌恶独处都不利于个体的健康发展，适度的独处态度才有利于个体的健康发展。持亲近独处态度的个体会主动创造机会远离人群，因为主动选择独处，他们对独处的接纳度更高，对由独处导致的后果的接纳度也会更高，即使有孤独感，也不容易产生消极影响。研究表明，亲近独处可以对孤独感与抑郁之间的关系起到调节作用，但是过分亲近独处可能会使个体花费太多时间独处，从而错过人际交往的机会，造成事实上的人际关系量过少、质过低，在个体有人际交往需要的时候，会导致个体产生不满足感，从而引发比较强烈的孤独感，长此以往，对个体的健康发展是不利的。持厌恶独处态度的个体不接受独处，他们在人际交往中更为积极，会主动创造机会建立人际关系避免产生孤独感，但是，一旦人际关系的质与量不能让自己满意，他们的负面体验会更为强烈。

亲近独处可能会受个体发展阶段的影响。大学阶段是个体自我同一性形成的关键阶段，个体会花更多的时间在自己身上，他们对独处表现出更积极的态度，这是因为个体要进行身份识别工作，要重新建构与自己、与他人、与世界的关系。但是一旦自我同一性获得之后，个体会将关注点重新放在人际交往上，亲近独处的态度会转变。而厌恶独处态度更多反映的是个体对独处的价值判断，相对会比较稳定。研究表明，孤独感具有性别差异，男生的孤独感强于女生，而独处态度与孤独感具有密切关系，所以独处态度可能也具有性别差异，女生可能更多持有厌恶独处态度，男生更多持有亲近独处态度。

本研究通过纵向研究探索独处态度对大学生孤独感发展轨迹的影响，本研究假设过度地亲近独处和厌恶独处都会导致更强的孤独感。

2 研究方法

2.1 被试

同研究二。

2.2　工具

本研究所采用的孤独感量表和独处态度量表同研究一。本研究中对亲近独处和厌恶独处 4 次测量所采用量表的 Cronbach'α 系数依次分别是 0.75、0.76、0.76、0.65 和 0.79、0.79、0.79、0.75。

2.3　分析思路

为了探究不同变量对大学生孤独感发展轨迹的影响，研究的第一步是确定大学生孤独感的变化趋势（分析思路见图 2-3）。变化趋势分为三种：稳定不变、线性变化和非线性变化。稳定不变即变量在 4 个时间点保持稳定，各时间点均值不存在显著差异；线性变化即变量在 4 个时间点呈线性递增或递减趋势；非线性变化即变量在 4 个时间点呈曲线变化，曲线斜率不为 0。

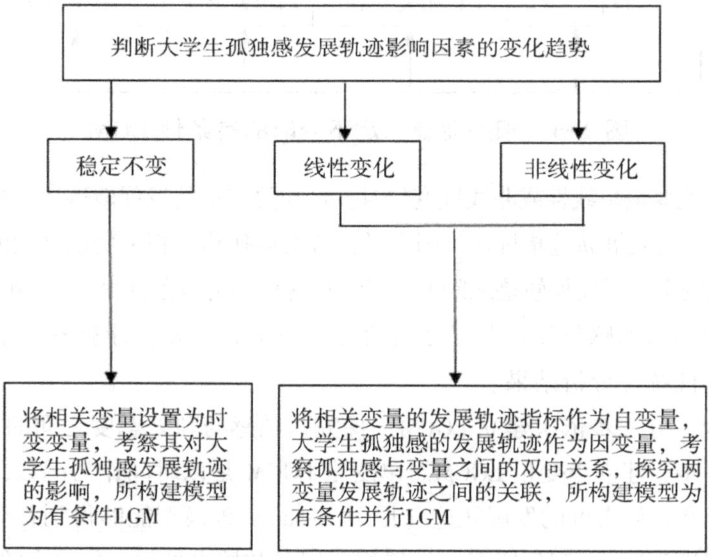

图 2-3　大学生孤独感发展轨迹的影响因素研究的分析思路

根据不同变量的不同变化趋势，本研究采用不同的统计方法。当变量在 4 个时间点保持稳定不变时，将变量作为时变的协变量，将性别和年级作为时不变的协变量，构建有条件 LGM，考察相关变量对大学生孤独感发展轨迹的影响（见图 2-4）。

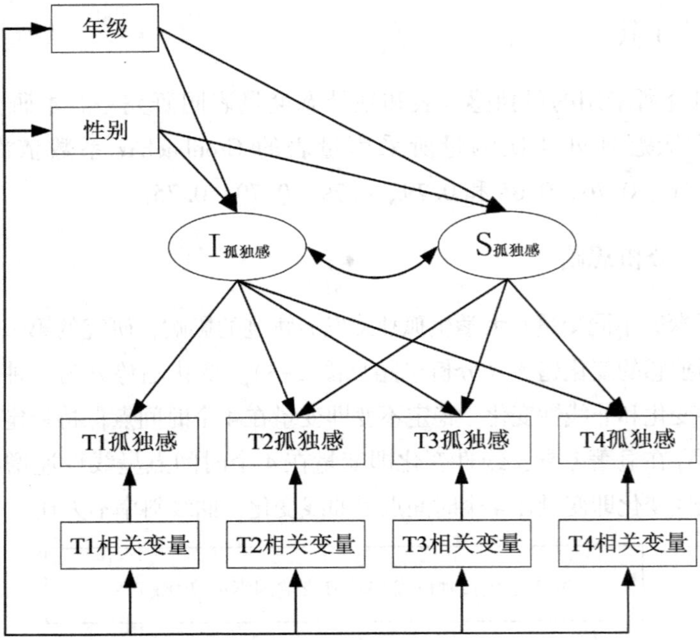

图 2-4　相关变量稳定不变时的有条件 LGM

当相关变量呈线性或非线性变化时，将相关变量的发展轨迹指标作为自变量、孤独感的发展轨迹指标作为因变量，考察孤独感与相关变量之间的双向关系，探究两个变量发展轨迹之间的关联，构建模型为有条件 PP-LGCM。

以探究孤独感与独处态度之间的关联为例。首先，计算各变量各时间点的描述性统计分析结果。

接着，分三步依次建立 LGCM，探究孤独感与独处态度之间的关系。

第一步，建立单变量 LGCM。单变量 LGCM 是以时间作为函数，同时考察孤独感和独处态度的发展轨迹（见图 2-5a）。该模型能够得到各变量的初始水平（即截距）、变化速率（即斜率）以及初始水平与变化速率的关系。

第二步，建立无条件 PP-LGCM。该模型考察孤独感和独处态度的共同变化关系，利用 PP-LGCM，不仅可以估计每个变量的生长因子的参数（即截距和斜率），还能估计不同时间点对应的孤独感和独处态度的分值（见图 2-5b）。本研究中，根据无条件 PP-LGCM，能够得到孤独感和独处态度初始水平间的关系、孤独感初始水平与独处态度变化速率间的关系、独处态度初始水平与孤独感变化速率间的关系，以及孤独感变化率与独处态度变化速率的关系。

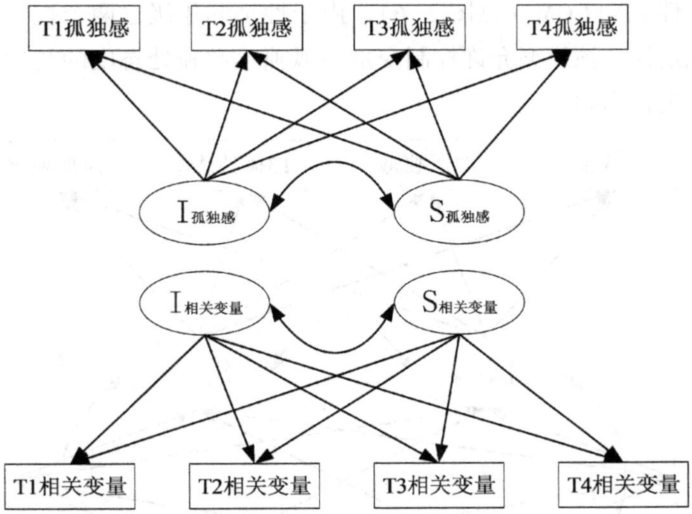

a）

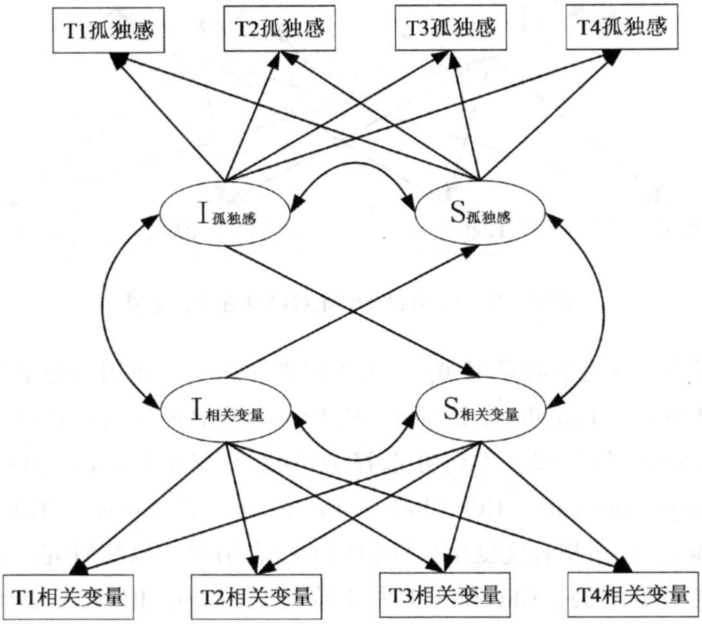

b）

图 2-5　单变量 LGCM 和无条件 PP-LGCM 的模型图

第三步，建立有条件 PP-LCGM。为了控制性别和年级的影响，本研究构建有条件 PP-LCGM（见图 2-6）。由于性别和年级这两个控制变量具有时间的稳定性，该模型允许控制变量在孤独感和独处态度的初始水平和变化速率上进行回归。

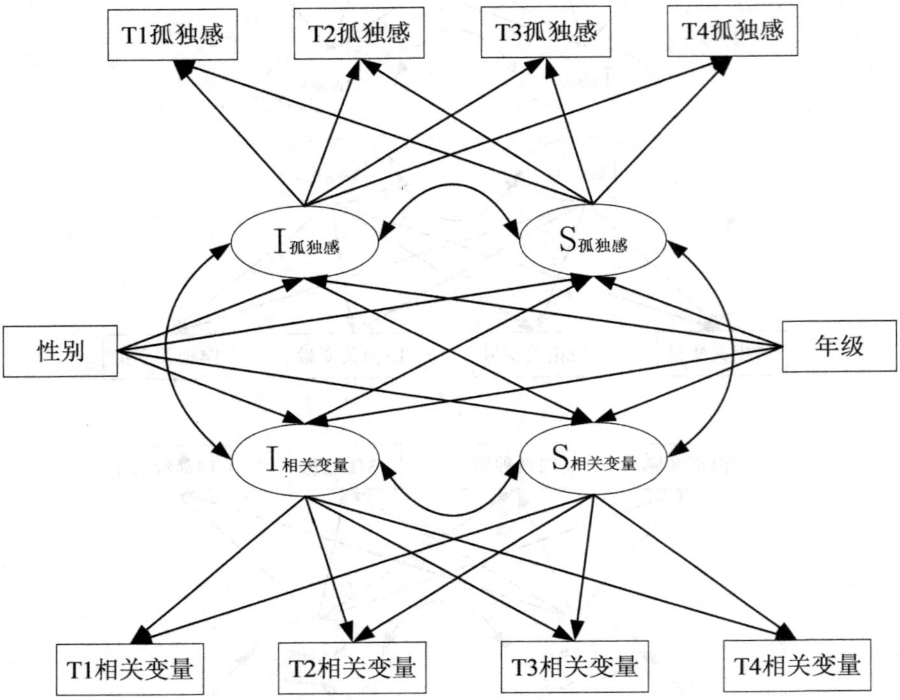

图 2-6　有条件 PP-LGCM 的模型图

本研究所有模型均采用 Mplus 7.4 软件完成，并使用稳健最大似然估计法（Maximum Likelihood Robust，MLR）对模型各参数进行估计。根据 Brown 和 Kline 的建议，本研究选择卡方值、RMSEA（Root Mean Square Error of Approximation）、CFI（Bentler Comparative Fit Index）、TLI（Tucker-Lewis Index）多个拟合优度指标评估模型拟合情况。以往研究广泛采用的指标可接受范围为，CFI 和 TLI 大于或接近 0.90，RMSEA 小于或接近 0.06，且 RMSEA 的 90%置信区间的上限不超过 0.10。

3　结果分析

3.1　大学生孤独感与亲近独处之间的关系

（1）描述性统计分析

4 个时间点孤独感与亲近独处的均值和方差如表 2-9 所示。

表 2-9　T1～T4 孤独感与亲近独处的均值、方差和相关分析表（*M*±*SD*）

变量	*M*±*SD*	性别	年级	T1 孤独感	T2 孤独感	T3 孤独感	T4 孤独感
T1 亲近独处	15.44±3.26	0.07	−0.01	0.28***	0.19***	0.18***	0.08*
T2 亲近独处	15.41±3.20	0.07	0.01	0.23***	0.32***	0.22***	0.16***
T3 亲近独处	15.35±3.20	0.09**	−0.03	0.15***	0.16***	0.23***	0.12**
T4 亲近独处	14.75±3.12	0.05	−0.01	0.13**	0.13**	0.09*	0.16***

皮尔逊相关性分析结果表明，性别与 T3 亲近独处显著正相关，即女生的亲近独处得分显著高于男生；T1～T4 亲近独处与 T1～T4 孤独感之间均呈显著正相关，即越亲近独处的被试者孤独感水平越高。

（2）单变量 LGCM

以时间作为函数，分别以孤独感和亲近独处为因变量，建立单变量 LGCM，考察孤独感和厌恶独处的发展轨迹。孤独感的发展轨迹同研究二 3.2.1 无条件 LGM 检验结果。为了进一步了解亲近独处的发展轨迹，本研究分别构建亲近独处的线性 LGCM 和非线性 LGCM。结果发现，线性无条件 LGCM 拟合良好（$\chi^2/df = 3.20$，$CFI = 0.960$，$TLI = 0.951$，$RMSEA = 0.052$，$SRMR = 0.025$），非线性无条件 LGCM 拟合良好（$\chi^2/df = 0.87$，$CFI = 1.000$，$TLI = 1.004$，$RMSEA = 0.000$，$SRMR = 0.007$）。根据拟合指标结果，非线性无条件 LGCM 要优于线性无条件 LGCM，但非线性无条件 LGCM 的斜率和曲线斜率的方差差异均不显著，故本研究数据分析结果仍以线性无条件 LGCM 为主。

表 2-10　亲近独处的单变量 LGCM 估计结果

模型	系数估计		*Estimate*	*S. E.*	*t*	*p*
线性模型	均值	$I_{(亲近独处)}$	15.53***	0.11	144.16	0.000
		$S_{(亲近独处)}$	−0.19***	0.05	−4.19	0.000
	方差	$I_{(亲近独处)}$	5.83***	0.66	8.78	0.000
		$S_{(亲近独处)}$	0.46**	0.13	3.46	0.001
非线性模型	均值	$I_{(亲近独处)}$	15.43***	0.11	138.97	0.000
		$S_{(亲近独处)}$	0.21	0.14	1.55	0.121
		$Q_{(亲近独处)}$	−0.14**	0.05	−3.13	0.002
	方差	$I_{(亲近独处)}$	4.98***	0.48	10.39	0.000
		$S_{(亲近独处)}$	0.57	0.85	0.67	0.503
		$Q_{(亲近独处)}$	0.10	0.13	0.80	0.426

注：$I_{(亲近独处)}$ 表示亲近独处发展轨迹的截距，$S_{(亲近独处)}$ 表示亲近独处发展轨迹的斜率；$Q_{(亲近独处)}$ 表示亲近独处发展轨迹的曲线斜率。

对于亲近独处的单变量 LGCM，截距因子和斜率因子分别为 15.53（t=144.16，p<0.001）和−0.19（t=−4.19，p<0.001），差异均显著，说明亲近独处随着时间推移呈线性递减趋势；且截距因子与斜率因子呈显著负相关(β=−0.67，p<0.001)，表明亲近独处的初始水平与斜率呈反向关系，初始水平越高，亲近独处的递减速率越弱。亲近独处的截距和斜率方差分别为 5.83（t=8.87，p<0.001）和 0.46（t=3.46，p<0.01），表明大学生在亲近独处的初始水平和递减速率方面存在显著的个体差异。

（3）无条件 PP-LGCM

为考察孤独感和亲近独处的共变关系，本研究构建 PP-LGCM。结果表明，PP-LGCM 拟合良好（χ^2/df=2.76，CFI=0.964，TLI=0.954，RMSEA=0.046，SRMR=0.033）。如表 2-11 所示，孤独感和亲近独处的截距呈显著正相关（β=0.51，p<0.001），说明孤独感的初始水平越高，亲近独处的初始水平也越高；反之同理。此外，本研究发现孤独感的初始水平显著负向预测亲近独处的变化速率（β=−0.38，p<0.001），亲近独处的初始水平也显著负向预测孤独感的变化速率（β=−0.55，p<0.001），孤独感的初始

水平越高，亲近独处的递减速率越弱；而亲近独处的初始水平越高，孤独感的递增速率越弱。

表 2-11　孤独感和亲近独处的无条件 PP-LGCM 估计结果

	β	95%置信区间	*S. E.*	*t*	*p*
$I_{(孤独感)} \longleftrightarrow I_{(亲近独处)}$	0. 51	[0. 40，0. 62]	0. 06	9. 24***	0. 000
$S_{(孤独感)} \longleftrightarrow S_{(亲近独处)}$	0. 30	[−0. 01，0. 62]	0. 16	1. 91	0. 057
$I_{(孤独感)} \rightarrow S_{(亲近独处)}$	−0. 38	[−0. 57，−0. 18]	0. 10	−3. 82***	0. 000
$I_{(亲近独处)} \rightarrow S_{(孤独感)}$	−0. 35	[−0. 51，−0. 19]	0. 08	−4. 18***	0. 000

注：$I_{(孤独感)}$表示孤独感发展轨迹的截距，$S_{(孤独感)}$表示孤独感发展轨迹的斜率，$I_{(亲近独处)}$表示亲近独处发展轨迹的截距，$S_{(亲近独处)}$表示亲近独处发展轨迹的斜率；双向箭头表示相关关系，单向箭头表示回归预测效应。

（4）有条件 PP-LGCM

为进一步探究性别和年级对孤独感和亲近独处共变关系的影响，本研究构建有条件 PP-LGCM。结果表明，性别和年级对孤独感和亲近独处共变关系影响的有条件 PP-LGCM 拟合良好（χ^2/df=2. 26，CFI=0. 968，TLI=0. 954，RMSEA=0. 039，SRMR=0. 028）。如表 2-12 和图 2-7 所示，性别对孤独感的截距因子（β=−0. 12，p<0. 01）和亲近独处的截距因子（β=0. 10，p<0. 05）预测效应显著，初始状态下，女生的孤独感水平低于男生、亲近独处水平高于男生。

表 2-12　孤独感与亲近独处的有条件 PP-LGCM 估计结果

	β	95%置信区间	*S. E.*	*t*	*p*
性别→ $I_{(孤独感)}$	−0. 12	[−0. 20，−0. 03]	0. 04	−2. 76**	0. 006
性别→ $I_{(亲近独处)}$	0. 10	[0. 01，0. 19]	0. 05	2. 21*	0. 027
性别→$S_{(孤独感)}$	−0. 09	[−0. 22，0. 03]	0. 06	−1. 47	0. 141
性别→$S_{(亲近独处)}$	−0. 06	[−0. 20，0. 08]	0. 07	−0. 79	0. 429
年级→$I_{(孤独感)}$	−0. 07	[−0. 15，0. 02]	0. 04	−1. 56	0. 119
年级→$I_{(亲近独处)}$	0. 01	[−0. 08，0. 09]	0. 05	0. 09	0. 932

续表

	β	95%置信区间	*S.E.*	*t*	*p*
年级→$S_{(孤独感)}$	−0.07	[−0.19, 0.05]	0.06	−1.22	0.224
年级→$S_{(亲近独处)}$	−0.05	[−0.18, 0.09]	0.07	−0.64	0.520

注：$I_{(孤独感)}$表示孤独感发展轨迹的截距，$S_{(孤独感)}$表示孤独感发展轨迹的斜率，$I_{(亲近独处)}$表示亲近独处发展轨迹的截距，$S_{(亲近独处)}$表示亲近独处发展轨迹的斜率；单向箭头表示回归预测效应。

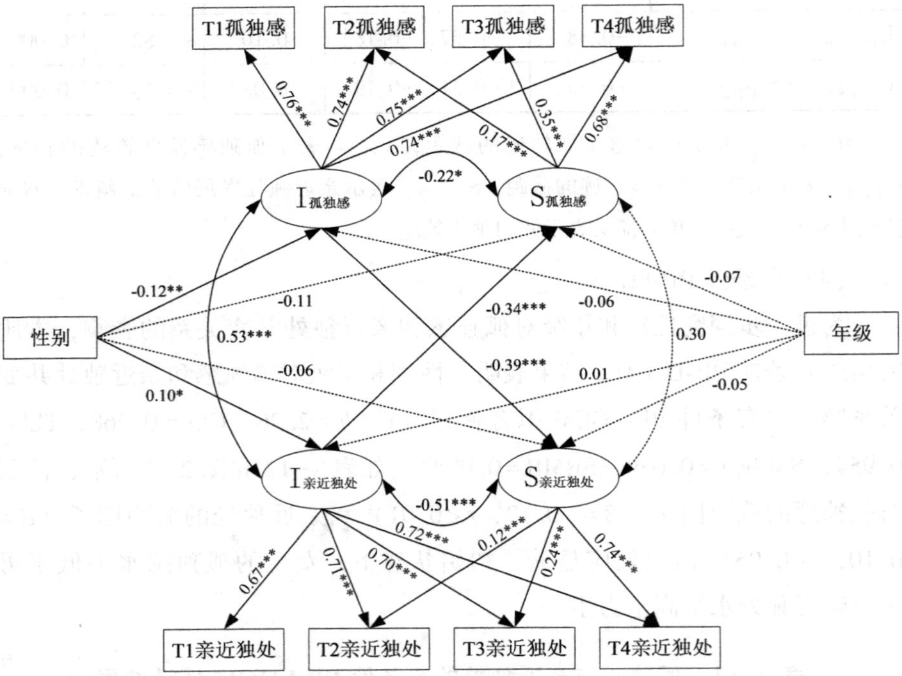

图 2-7　孤独感与亲近独处的有条件 PP-LGCM 路径图

3.2　孤独感与厌恶独处之间的关系

（1）描述性统计分析

4 个时间点孤独感与厌恶独处的均值和方差如表 2-13 所示。

表 2-13 T1～T4 孤独感与厌恶独处的均值、方差和相关分析表（*M*±*SD*）

变量	*M*±*SD*	性别	年级	T1 孤独感	T2 孤独感	T3 孤独感	T4 孤独感
T1 厌恶独处	13.00±3.48	-0.10**	-0.02	0.26***	0.19***	0.19***	0.20***
T2 厌恶独处	13.22±3.39	-0.11**	-0.04	0.20***	0.31***	0.25***	0.24***
T3 厌恶独处	13.07±3.34	-0.14***	-0.04	0.19***	0.20***	0.33***	0.27***
T4 厌恶独处	12.95±3.33	-0.21**	-0.04	0.20***	0.20***	0.21***	0.34***

皮尔逊相关性分析结果表明，性别与 T1～T4 厌恶独处呈显著正相关，即女生的厌恶独处得分显著高于男生；T1～T4 厌恶独处与 T1～T4 孤独感均呈显著正相关，即越厌恶独处的被试者孤独感水平越高。

（2）单变量 LGCM

以时间作为函数，分别以孤独感和厌恶独处为因变量，建立单变量 LGCM，考察孤独感和厌恶独处的发展轨迹。孤独感的发展轨迹同同研究二 3.2.1 无条件 LGM 检验结果。为了进一步了解厌恶独处的发展轨迹，本研究分别构建厌恶独处的线性 LGCM 和非线性 LGCM。结果发现，线性无条件 LGCM 拟合良好（$\chi^2/df = 1.00$，CFI = 1.000，TLI = 1.000，RMSEA = 0.000，SRMR = 0.032），非线性无条件 LGCM 拟合良好（$\chi^2/df = 1.13$，CFI = 0.999，TLI = 0.997，RMSEA = 0.012，SRMR = 0.008）。可以看出，线性 LGCM 和非线性 LGCM 的截距差异均显著，表明厌恶独处随时间变化的幅度不大，基本保持稳定。此外，根据拟合指标结果，线性无条件 LGCM 要优于非线性无条件 LGCM，故本研究数据分析结果以线性无条件 LGCM 为主。

表 2-14 厌恶独处的单变量 LGCM 估计结果

模型	系数估计		*Estimate*	*S. E.*	*t*	*p*
线性模型	均值	$I_{(厌恶独处)}$	13.09***	0.11	116.95	0.000
		$S_{(厌恶独处)}$	-0.01	0.05	-0.17	0.862
	方差	$I_{(厌恶独处)}$	5.20***	0.69	7.54	0.000
		$S_{(厌恶独处)}$	0.35*	0.16	2.14	0.032

续表

模型	系数估计		*Estimate*	*S. E.*	*t*	*p*
非线性模型	均值	$I_{(厌恶独处)}$	13.04***	0.12	108.87	0.000
		$S_{(厌恶独处)}$	0.19	0.15	1.26	0.208
		$Q_{(厌恶独处)}$	−0.07	0.05	−1.40	0.162
	方差	$I_{(厌恶独处)}$	3.38	1.75	1.93	0.054
		$S_{(厌恶独处)}$	−0.99	2.55	−0.39	0.698
		$Q_{(厌恶独处)}$	0.07	0.23	0.29	0.774

注：$I_{(厌恶独处)}$表示厌恶独处发展轨迹的截距，$S_{(厌恶独处)}$表示厌恶独处发展轨迹的斜率；$Q_{(厌恶独处)}$表示厌恶独处发展轨迹的曲线斜率。

对于厌恶独处的线性无条件 LGCM（见表 2-14），截距因子和斜率因子分别为 13.09（$t=116.95$，$p<0.001$）和−0.01（$t=-0.17$，$p>0.05$），厌恶独处的初始截距显著而斜率不显著，且截距和斜率方差分别为 5.20（$t=7.54$，$p<0.001$）和 0.35（$t=2.14$，$p<0.05$），表明虽然大学生在厌恶独处方面呈稳定状态，但初始水平和增长速率存在显著的个体差异。

（3）有条件 LGCM

为考察孤独感和厌恶独处的共变关系，本研究将厌恶独处作为时变变量，性别和年级作为时不变变量，构建孤独感的有条件 LGCM。结果表明（见图 2-8），有条件 LGCM 拟合良好（$\chi^2/df=2.74$，CFI＝0.949，TLI＝0.928，RMSEA＝0.053，SRMR＝0.071）。在 T1～T4 的任一时间点上，厌恶独处的水平越高，孤独感的水平越高（T1：$\beta=0.18$，$t=5.30$，$p<0.001$；T2：$\beta=0.19$，$t=6.90$，$p<0.001$；T3：$\beta=0.22$，$t=8.52$，$p<0.001$；T4：$\beta=0.23$，$t=7.00$，$p<0.001$）。孤独感和厌恶独处的截距显著正相关（$\beta=0.51$，$p<0.001$），说明厌恶独处对孤独感的增强有促进作用。此外，孤独感的截距和斜率的变异分别为 43.15（$t=9.08$，$p<0.001$）和 3.52（$t=3.95$，$p<0.001$），均下降但仍显著大于 0。

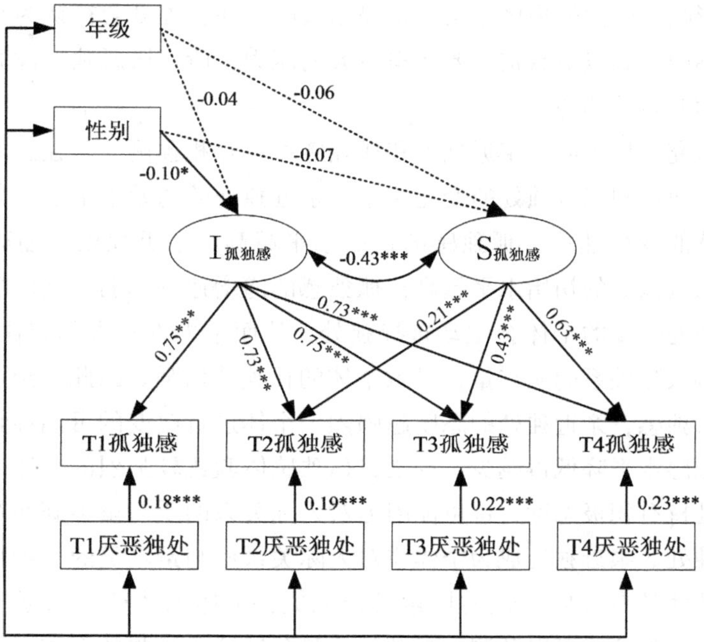

图 2-8　厌恶独处对大学生孤独感发展轨迹的影响

4　讨论

本研究结果表明，女生在亲近独处和厌恶独处方面的水平均高于男生，女生的孤独感水平低于男生，这与以往研究结果一致。这可能是因为亲近独处的个体更加接纳独处的状态，孤独感的体验相对较弱；厌恶独处的个体因为厌恶独处所以更努力地建立人际关系，从而提升了人际关系的质与量，减轻了个体的孤独感体验。女生的孤独感水平更低也与女生的人际关系能力和质量都强于男生有关，女生更注重人际关系投入，对同伴的依恋程度更高，具有更强的情感表达能力和寻找、培养和保持人际关系网的能力，更擅长处理人际问题，也更能理解细微的人际线索。

本研究结果表明，亲近独处随着时间推移呈线性递减趋势，厌恶独处呈稳定状态，这与本研究假设一致。大学生因为需要探索自我同一性，需要独处的时间来完成自我整合，所以对独处持有积极态度，但是在完成这一人生阶段的任务之后，亲近独处态度会减弱，个体会更加主动地投身到人际关系的建立之中去。而厌恶独处是比较稳定的一种态度，可能更多受文化的影响，中国的集体主义文化提倡人际交往，独处会被认为与主流价值取向不同，难以被欣赏，要承担更大的压力，所以厌恶独处没有明显的随时间而变化的趋势。

本研究结果表明，亲近独处和孤独感可以互相预测。孤独感的初始水平显著负向预测亲近独处的变化速率，亲近独处的初始水平也显著负向预测孤独感的变化速率，孤独感的初始水平越高，亲近独处的递减速率越弱；而亲近独处的初始水平越高，孤独感的递增速率越弱。这可能是因为持亲近独处态度的个体会主动选择独处，从而错失许多人际交往的机会，最终影响人际关系的质与量，导致个体的孤独感增强。因此，亲近独处可以预测孤独感，亲近独处的态度越强烈，个体进行改变的可能性越小，个体的孤独感水平降低得越少。反之，孤独感体验比较强烈的个体可能本身就对独处持有积极态度，也可能因为对人际关系的质与量不满而被动地选择亲近独处。亲近独处成为个体应对人际关系质与量不足的一种自我保护策略，即使是自我同一性的探索已经完成，个体依然选择亲近独处的态度，所以高孤独感可以预测亲近独处，孤独感体验越强的个体，亲近独处态度减弱的可能性越小。

本研究结果表明，厌恶独处对孤独感的增强有促进作用，这与以往研究结果一致。厌恶独处的个体会努力避免独处的情境，厌恶独处可以促使个体更加主动地寻找与建立人际关系，从而降低孤独感，但如果个体的人际关系的质与量不能让自己满意，或者不得不面对独处的情境时，就会导致个体的孤独感体验增强。所以二者之间的关系会受到其他变量的影响，如人际关系质量，如果人际关系质量令个体满意，厌恶独处不会增强孤独感，但如果人际关系质量不能令个体满意，厌恶独处就会增强孤独感。

5　小结

本研究得到以下几个结论：

(1) 女生在亲近独处和厌恶独处方面的水平均高于男生，男生孤独感体验更强。

(2) 随着时间推移，亲近独处呈线性递减趋势，厌恶独处呈稳定状态。

(3) 亲近独处和孤独感可以互相预测。

（4）厌恶独处对孤独感的增强有促进作用，二者之间的关系会受到其他变量的影响。

研究三—B　人际关系能力对大学生孤独感发展轨迹的影响

1　问题提出

人际关系能力是指个体在社会交往中与周围人协调好关系并实现个人价值的能力，是大学生孤独感的重要影响因素之一。根据社会需求理论，人际交往需要是一种基本需要，如果没有得到满足，个体就可能会产生孤独感。人际关系能力是满足人际交往需要的前提条件，个体具备一定的人际关系能力，才能更好地与他人进行互动，从而建立并维持良好的人际关系，减轻个体的孤独感。研究结果表明，人际问题解决的策略和自我表露可以显著预测个体的孤独感，人际关系能力与孤独感之间呈现互相预测的关系，较高的人际关系能力可以降低后期的孤独感，而较高的孤独感也可以抑制后期的人际关系能力。

已有研究表明，人际关系能力存在性别差异，女性的人际关系能力要优于男性，具体体现在女性的情感表达能力更强，寻找、培养和保持人际关系网的能力也更强，在关系建立方面更有优势，更擅长处理人际问题，也更能理解细微的人际线索，更容易建立良好的人际关系，所以女性的孤独感体验要低于男性。

本研究从纵向研究的角度探讨人际关系能力对大学生孤独感发展轨迹的影响，本研究假设人际关系能力存在性别差异，具体表现是女生的人际关系能力要优于男生，人际关系能力可以对孤独感的发展轨迹起到抑制作用，人际关系能力是降低孤独感的保护性因素。

2　研究方法

2.1　被试

同研究二。

2.2 工具

本研究所采用的孤独感量表和人际关系能力量表同研究一。本研究中对人际关系能力 4 次测量所采用量表的 Cronbach'α 系数依次是 0.86、0.87、0.87、0.85。

2.3 分析思路

同研究三—A。

3 结果分析

（1）描述性统计分析

4 个时间点孤独感与人际关系能力各变量的均值和方差如表 2-15 所示。

表 2-15 T1~T4 孤独感与人际关系能力的均值、方差和相关分析表（*M*±*SD*）

变量	*M*±*SD*	性别	年级	T1 孤独感	T2 孤独感	T3 孤独感	T4 孤独感
T1 人际关系能力	3.32±0.58	0.10**	0.05	-0.37***	-0.32***	-0.27***	-0.28***
T2 人际关系能力	3.34±0.58	0.09*	0.08*	-0.29***	-0.33***	-0.29***	-0.30***
T3 人际关系能力	3.31±0.58	0.18***	0.04	-0.30***	-0.31***	-0.44***	-0.37***
T4 人际关系能力	3.35±0.54	0.08	0.06	-0.19***	-0.27***	-0.24***	-0.42***

皮尔逊相关性分析结果表明，性别与 T1~T3 人际关系能力呈显著正相关，即女生的人际关系能力得分显著高于男生；年级与 T2 人际关系能力呈显著正相关，即大二学生人际关系能力显著高于大一；T1~T4 人际关系能力与 T1~T4 孤独感均呈显著负相关，即人际关系能力越强的被试者孤独感水平越低。

（2）单变量 LGCM

以时间作为函数，分别以孤独感和人际关系能力为因变量，建立单变量 LGCM，考察孤独感和人际关系能力的发展轨迹。孤独感的发展轨迹同研究二 3. 2. 1 无条件 LGM 检验结果。为了进一步了解人际关系能力的发展轨迹，本研究分别构建人际关系能力的线性 LGCM 和非线性 LGCM。结果发现（见表 2－16），线性无条件 LGCM 拟合良好（χ^2/df = 0. 98，CFI = 1. 000，TLI = 1. 000，RMSEA = 0. 000，SRMR = 0. 052），非线性无条件 LGCM 拟合良好（χ^2/df = 2. 01，CFI = 0. 997，TLI = 0. 982，RMSEA = 0. 035，SRMR = 0. 011）。根据拟合指标结果，线性无条件 LGCM 要优于非线性无条件 LGCM，且非线性无条件 LGCM 方差出现负值，因此本研究最终选择线性无条件 LGCM 估计结果。

表 2－16　人际关系能力的单变量 LGCM 估计结果

模型	系数估计		*Estimate*	*S. E.*	*t*	*p*
线性模型	均值	$I_{(人际关系能力)}$	3. 32***	0. 02	178. 91	0. 000
		$S_{(人际关系能力)}$	0. 01	0. 01	0. 63	0. 528
	方差	$I_{(人际关系能力)}$	0. 16***	0. 02	8. 58	0. 000
		$S_{(人际关系能力)}$	0. 01	0. 01	1. 26	0. 208
非线性模型	均值	$I_{(人际关系能力)}$	3. 32***	0. 02	171. 24	0. 000
		$S_{(人际关系能力)}$	−0. 003	0. 02	−0. 14	0. 891
		$Q_{(人际关系能力)}$	0. 003	0. 01	0. 34	0. 735
	方差	$I_{(人际关系能力)}$	0. 09	0. 05	1. 91	0. 056
		$S_{(人际关系能力)}$	−0. 07	0. 06	−1. 06	0. 289
		$Q_{(人际关系能力)}$	−0. 002	0. 01	−0. 32	0. 753

注：$I_{(人际关系能力)}$ 表示人际关系能力发展轨迹的截距，$S_{(人际关系能力)}$ 表示人际关系能力发展轨迹的斜率，$Q_{(人际关系能力)}$ 表示人际关系能力发展轨迹的二次项系数。

对于人际关系能力的线性无条件 LGCM（见表 2－16），截距因子和斜率因子分别为 3. 32（t = 178. 91，p<0. 001）和 0. 01（t = 0. 63，p>0. 05），人际关系能力的初始截距差异显著而斜率差异不显著，且截距和斜率方差分别为 0. 16（t=8. 58，p<0. 001）和 0. 01（t=1. 26，p>0. 05），表明大学生在人际关系能力方面呈稳定状态，但初始水平存在显著的个体差异。

（3）有条件 LGCM

为考察孤独感和人际关系能力的共变关系，本研究将人际关系能力作为时变变量、性别和年级作为时不变变量，构建孤独感的有条件 LGCM。结果表明（见图 2-9），有条件 LGCM 拟合良好（$\chi^2/df=4.33$，CFI＝0.906，TLI＝0.866，RMSEA＝0.075，SRMR＝0.094）。在 T1～T4 的任一时点上，人际关系能力越高，孤独感水平越低（T1：$\beta=-0.24$，$t=-6.47$，$p<0.001$；T2：$\beta=-0.26$，$t=-8.66$，$p<0.001$；T3：$\beta=-0.30$，$t=-10.42$，$p<0.001$；T4：$\beta=-0.31$，$t=-8.49$，$p<0.001$），说明人际关系能力对孤独感的线性上升有明显的抑制作用。此外，孤独感的截距和斜率的变异分别为 37.04（$t=8.34$，$p<0.001$）和 2.95（$t=3.67$，$p<0.001$），均下降但仍显著大于 0。

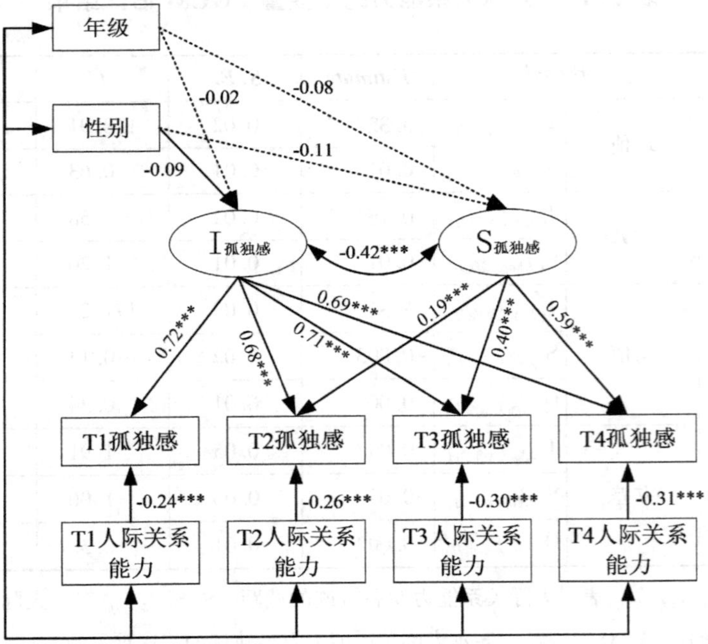

图 2-9　人际关系能力对大学生孤独感发展轨迹的影响

4 讨论

本研究结果表明，人际关系能力存在性别差异，这与以往研究结果一致。女生的人际关系能力要优于男生，寻找、培养和保持人际关系网的能力更强，更擅长处理人际问题，也更能理解细微的人际线索，在关系建立方面更有优势。同时，女生也更注重人际关系投入。

本研究结果表明，人际关系能力存在年级差异。大二学生的人际关系能力优于大一学生，这可能与大二学生多了一年的练习时间有关，经过一年时间的练习与探索，大二学生具有了更为稳定的人际关系，他们的人际关系能力也更强。

本研究结果表明，大学生孤独感和人际关系能力存在显著负相关，这与以往研究结果一致。个体的人际关系能力强，更可能获得令人满意的人际关系，孤独感水平可能较低；个体的人际关系能力较差，则可能难以建立人际关系，影响人际关系的质与量，从而引发孤独感。

本研究结果表明，人际关系能力表现出一定的稳定性，但是初始水平和增长速率存在显著的个体差异。人际关系能力的培养需要比较长期的训练和练习，所以人际关系能力整体呈现出一定的稳定性，但无论是初始水平还是增长速率，个体间的差异均较大。这给我们的启示是，要提升个体的人际交往能力，需要针对个体的个性化需要，制订比较长程的训练与培养计划。

本研究结果表明，在 T1 ~ T4 的任一时间点上，人际关系能力越强，孤独感水平越低，人际关系能力对孤独感的增强有明显的抑制作用，这与以往研究结果一致。人际关系能力会影响个体在人际交往中的表现，人际关系能力强的个体更容易建立良好的人际关系，孤独感水平较低；人际关系能力差的个体更容易遭遇人际关系质与量的缺失，孤独感水平可能较高。这给我们的启示是，学校可以有针对性地对学生进行人际关系能力的提升训练，从而降低大学生孤独感水平。

5 小结

本研究得到以下几个结论：

（1）人际关系能力具有性别和年级差异，人际关系能力与孤独感呈显著负相关。

（2）人际关系能力具有相对稳定性，但初始水平和增长速率存在显著的个体差异。

（3）人际关系能力对孤独感的增强有明显的抑制作用。

研究三—C 朋友关系质量对大学生孤独感发展轨迹的影响

1 问题提出

孤独感是由于个体的社会关系网络在数量上的不足和质量上的低下导致的一种负性的主观情绪体验，是一种常见的不愉快的体验。通过孤独感的概念可知，人际关系质量直接影响个体的孤独感。研究表明，个体对同伴关系、婚姻关系以及家庭关系的不满是预测孤独感的显著性因素。

大学生经历了亲子关系和同伴关系的变化，如与父母的冲突增加、离开家庭求学、更加依赖同伴关系等，朋友关系质量对大学生的影响日益增强。研究表明，亲子关系质量对大学生孤独感的影响逐渐降低，朋友关系质量对大学生孤独感的影响逐渐增强。从青少年时期开始，朋友关系质量就在个体的发展中起到重要的保护性作用，如友谊质量高的青少年存在更少的问题行为。大学生友谊质量越高，其孤独感水平越低，友谊质量会直接或间接影响个体的孤独感水平。研究表明，人际关系质量可以负向预测孤独感，受同伴欢迎或友谊质量高的个体的孤独感水平较低，友谊质量可以预测两年后的孤独感，但孤独感不能预测友谊质量。

大学生的人际关系质量可能存在性别差异。女生比男生更加重视建立良好的人际关系，她们更加重视朋友关系，对朋友关系的质量也更为敏感，她们具备更好的人际交往能力，在人际交往中会更投入，因此比男生感受到了更多的朋友支持。

本研究从纵向研究的角度探讨朋友关系质量对大学生孤独感发展轨迹的影响，本研究假设朋友关系质量会对大学生孤独感的发展起到抑制作用。

2　研究方法

2.1　被试

同研究二。

2.2　工具

本研究所采用的孤独感量表和人际关系质量量表同研究一。本研究中朋友关系质量 4 次测量所用量表的 Cronbach'α 系数依次是 0.84、0.83、0.87、0.88。

2.3　分析思路

同研究三—A。

3　结果分析

（1）描述性统计分析

4 个时间点孤独感与朋友关系质量的均值和方差如表 2-17 所示。

表 2-17　T1~T4 孤独感与朋友关系质量的均值、方差和相关分析表（$M \pm SD$）

变量	$M \pm SD$	性别	年级	T1 孤独感	T2 孤独感	T3 孤独感	T4 孤独感
T1 朋友关系质量	107.87±18.22	0.23***	0.01	-0.37***	-0.27***	-0.27***	-0.27***
T2 朋友关系质量	106.57±17.91	0.22***	0.01	-0.31***	-0.44***	-0.35***	-0.30***
T3 朋友关系质量	106.56±17.38	0.29***	0.03	-0.30***	-0.32***	-0.55***	-0.42***
T4 朋友关系质量	105.18±18.86	0.27***	0.07	-0.26***	-0.27***	-0.38***	-0.55***

皮尔逊相关性分析结果表明，性别与 T3 朋友关系质量呈显著正相关，即女生的朋友关系质量得分显著高于男生；T1~T4 朋友关系质量与 T1~T4 孤独感均呈显著负相关，即朋友关系质量越高的被试者孤独感体验越低。

（2）单变量 LGCM

以时间作为函数，分别以孤独感和朋友关系质量为因变量，建立单变量 LGCM，考察孤独感和朋友关系质量的发展轨迹。孤独感的发展轨迹同研究二 3.2.1 无条件 LGM 检验结果。为了进一步了解朋友关系质量的变化轨迹，本研究分别构建朋友关系质量的线性 LGCM 和非线性 LGCM。结果发现，线性无条件 LGCM 拟合良好（χ^2/df = 0.80，CFI = 1.000，TLI = 1.004，RMSEA = 0.000，SRMR = 0.020），非线性无条件 LGCM 拟合良好（χ^2/df = 2.85，CFI = 0.994，TLI = 0.961，RMSEA = 0.047，SRMR = 0.013）。根据拟合指标结果，线性无条件 LGCM 优于非线性无条件 LGCM，故本研究最终选择线性无条件 LGCM 评估结果。

表 2-18　朋友关系质量的单变量 LGCM 估计结果

模型	系数估计		*Estimate*	*S. E.*	*t*	*p*
线性模型	均值	$I_{(朋友关系质量)}$	107.61***	0.57	188.60	0.000
		$S_{(朋友关系质量)}$	−0.86***	0.25	−3.50	0.000
	方差	$I_{(朋友关系质量)}$	106.87***	16.51	6.47	0.000
		$S_{(朋友关系质量)}$	2.45	3.81	0.64	0.52
	协方差	$I_{(朋友关系质量)} \longleftrightarrow S_{(朋友关系质量)}$	0.40	0.71	0.56	0.575
非线性模型	均值	$I_{(朋友关系质量)}$	107.48***	0.63	170.01	0.000
		$S_{(朋友关系质量)}$	−0.45	0.81	−0.55	0.580
		$Q_{(朋友关系质量)}$	−0.14	0.26	−0.54	0.593
	方差	$I_{(朋友关系质量)}$	130.25**	44.70	2.91	0.004
		$S_{(朋友关系质量)}$	58.03	54.09	1.07	0.283
		$Q_{(朋友关系质量)}$	5.03	4.84	1.04	0.298

注：$I_{(朋友关系质量)}$ 表示朋友关系质量发展轨迹的截距，$S_{(朋友关系质量)}$ 表示朋友关系质量发展轨迹的斜率，$Q_{(朋友关系质量)}$ 表示朋友关系质量发展轨迹二次项的估计值；双向箭头表示相关关系。

对于朋友关系质量的无条件 LGCM，截距因子和斜率因子分别为 107.61（$t=188.60$，$p<0.001$）和−0.86（$t=-3.50$，$p<0.001$），差异均显著，说明朋友关系质量随着时间推移呈线性递减趋势；但截距因子与斜率因子相关不显著（$\beta=0.40$，$p>0.05$），表明朋友关系质量的初始水平并不会影响朋友关系质量的变化速率。此外，朋友关系质量的截距和斜率方差分别为 106.87（$t=6.47$，$p<0.001$）和 2.45（$t=0.64$，$p>0.05$），朋友关系质量截距差异显著但斜率差异不显著，表明大学生朋友关系质量的初始水平存在显著的个体差异，变化速率无显著差异。

（3）有条件 LGCM

为考察孤独感和朋友关系质量的共变关系，本研究将朋友关系质量作为时变变量、性别和年级作为时不变变量，构建孤独感的有条件 LGCM。结果表明（见图 2-10），有条件 LGCM 拟合良好（$\chi^2/df=5.10$，CFI = 0.919，TLI = 0.895，RMSEA = 0.085，SRMR = 0.123）。在 T1 ~ T4 的任一时点上，朋友关系质量越高，孤独感水平越低（T1：$\beta=-0.30$，$t=-8.38$，$p<0.001$；T2：$\beta=-0.33$，$t=-11.24$，$p<0.001$；T3：$\beta=-0.38$，$t=-11.21$，$p<0.001$；T4：$\beta=-0.42$，$t=-10.46$，$p<0.001$），说明朋友关系质量对孤独感有明显的抑制作用。此外，孤独感的截距和斜率的变异分别为 34.88（$t=8.20$，$p<0.001$）和 2.62（$t=3.48$，$p<0.01$），均下降但仍显著大于 0。

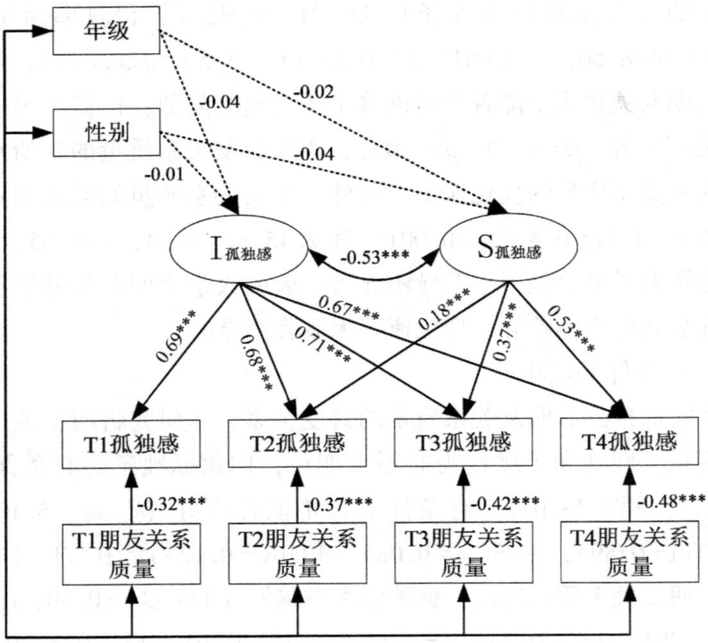

图 2-10　朋友关系质量对大学生孤独感发展轨迹的影响

4　讨论

本研究结果表明，女生的朋友关系质量优于男生，这与以往研究结果一致。女生具有更强的人际交往能力和人际交往意愿，在人际交往中投入更多，寻找、培养和保持人际关系网的能力更强，更擅长处理人际问题，也更能理解细微的人际线索。同时，女生会花更长的时间在同伴交往上，同伴关系更为紧密，对同伴的依恋程度也更高，人际关系质量更好。

本研究结果表明，大学生的朋友关系质量随着时间推移呈递减趋势，这与以往研究结果一致。与大一学生相比，大二学生的友爱性降低，冲突性开始显著增加。这也体现了大学生人际关系的发展特点，大一时多数学生处于比较客气和温暖的阶段，随着接触的深入、了解的增多，相处越久，出现冲突的可能性越大。这可能也与大学生的自我同一性探索的需要相关，为了获得自我同一性，大学生需要进行自我整合与思考，这会导致大学生的朋友关系质量有所下降。这可能也与新媒体时代的大背景相关，在这样的时代背景下，大学生更沉溺于网络世界，忽略现实的人际关系。

朋友关系质量呈下降趋势可能是当代大学生人际关系的新特点，可以作为今后重点研究的部分。

本研究结果表明，朋友关系质量与大学生孤独感呈显著负相关。在T1~T4的任一时点上，朋友关系质量越高，孤独感水平越低，朋友关系质量对孤独感有明显的抑制作用，这与之前研究结果一致。大学生友谊质量越高，其孤独感体验越低，友谊质量会直接或间接影响个体的孤独感水平，人际关系质量负向预测孤独感，受同伴欢迎或友谊质量高的个体的孤独感水平较低。较高的人际关系质量会让个体产生更多的积极情绪体验，提高自我价值感。具有良好朋友关系质量的个体孤独感体验会减少。所以从孤独感干预的角度分析，朋友关系质量是降低个体孤独感的重要保护性因子，也是今后孤独感干预工作中可以重点加强的部分。

5　小结

本研究得到以下几个结论：

（1）女生的朋友关系质量优于男生。

（2）大学生的朋友关系质量随着时间的推移呈递减趋势。

（3）人际关系质量与孤独感呈显著负相关，朋友关系质量对孤独感的增强有明显的抑制作用。

第 3 章 大学生孤独感发展轨迹亚组个体的认知加工特点

根据孤独感的调节回路模型，较高水平的孤独感往往伴随着更高水平的不安全感，这种不安全感可能引发个体对社会威胁信息的隐性过度监控，从而诱使个体产生注意偏差、解释偏差和记忆偏差。研究表明，与不孤独的人相比，孤独者一般会表现出功能失调，如害怕人际交往、不自信和社会焦虑等。他们常常认为现实世界是一个更具威胁性的地方，社会期望也更加消极，更容易记住负面社会信息。而这种消极的社会期望通常会导致他人的消极行为反馈，这些消极行为又会证实并加深孤独者消极的社会期望，导致孤独感体验不断增强，形成了一个闭环。为了验证这个理论，本研究从注意偏差和解释偏差两个角度探索大学生孤独感发展轨迹亚组个体的认知机制。

研究四 大学生孤独感发展轨迹亚组个体的注意偏差机制研究

1 问题提出

Cacioppo 和 Hawkley 认为孤独感个体存在对社交威胁刺激的高度警觉性，这是指孤独感个体无法对社交环境做出精准的判断，对负性社交事件存在注意偏差。有研究者认为，对社交威胁刺激的无意识监控可能会引发认知偏差。孤独感个体更倾向于将社交场所视作危险的地方，更期待消极的人际互动，对负性社交信息存在记忆偏向。孤独感个体消极的社交期待可能会引发个体对他人的疏远行为，这种疏远行为会引起他人的消极人际互动，从而印证孤独感个体的负面认知。这种负面认知同时伴随着社交敌意、悲观、压力、焦虑以及低自尊，也可能激活一些会对身体和心理健康造成负面影响的神经或行为机制。

在一项经典 Stroop 任务中，研究者发现高孤独感个体会对负性社交词汇产生更多的认知冲突，但对积极词汇反应不显著。孤独感个体会对积极的社交刺激产生更少的神经性反应，但当注视消极社交图片时，视觉皮层会被高度唤醒，这说明孤独感个体对社交威胁刺激存在视觉注意偏差。也有研究者指出，当看到积极社交图片时，孤独感个体与奖赏有关的脑区会得到激活，而在看到负性社交图片时，孤独感个体大脑中的视觉皮层也会得到相应的激活。出现上述现象的原因可能是孤独感个体会在威胁性环境中更加关注自我，从而进行自我防御。对社交威胁刺激过于敏感可能会带来认知及行为上的改变，如果能减少孤独感个体对社交环境中消极信息的过度关注，改变其自动化的认知加工方式，有助于降低个体的孤独感。孤独感的认知干预策略主要通过个体认知行为的调整实现，包括主动识别自动化加工的负性信息、辨别不确定的信息、减少认知偏差、学习自我控制等，这些可以有效降低个体的孤独感。

注意偏差主要包含 3 个成分：注意警觉、注意解除困难和注意回避。注意警觉是指相对于中性刺激，人们能够更快地将注意指向威胁刺激或者具有威胁的位置；注意解除困难是指与中性刺激相比，人们更难停止对威胁刺激或者具有威胁的位置的注意加工；注意回避是指在威胁刺激出现时，人们会将注意指向威胁刺激以外的位置。注意警觉和注意解除困难被认为是形成和维持抑郁和焦虑的重要原因，注意回避被认为是用来减轻焦虑的策略。注意警觉和注意解除困难一般出现在威胁刺激呈现时间较短（500 毫秒以内）或者阈下呈现的实验中，而注意回避多出现在威胁刺激呈现时间较长（通常大于 1000 毫秒）的情况下，属于认知加工的晚期阶段。

用来测量注意偏差的范式主要包括情绪 Stroop 范式、点探测范式、空间线索范式和 Oddball 范式。点探测范式能够直接测量注意的定向和保持，所以在注意偏差的实验研究中得到了广泛的使用。点探测范式由 MacLeod 等人提出，被称为经典点探测任务。但是经典点探测任务不能解释注意偏差的具体成分，Koster 等人对其进行了改进，增加了一个中性刺激对作为中性条件。实验过程中，实验者会向被试者呈现一系列随机匹配的刺激（包括情绪刺激和中性刺激），采用两种实验条件进行匹配，包括探测刺激与情绪刺激位置一致或不一致的条件，接着在已出现刺激的位置上呈现探测刺激，要求被试者对此进行反应。该范式的原理是，如果被试者被负性图片吸引，在线索一致时，被试者反应会加快。线索一致时的反应快于线索不一致时的反应称为注意偏向，即注意偏向=线索不一致反应时-线索一致反应时，若结果大于 0 则出现注意偏向，反之则为注意回避。线索一致时的反应快于中性条件下的反应，则出现注意警觉，即注意警觉=中性条件下反应时-线索一致反应时，若结果大于 0 则出现注意警觉。线索不一致时的反应快于中性条件下的反应，则出现注意解除困难，即注意解除困难=线索不一致反应时-中性条件下反应时，若结果大于 0 则出现注意解除困难。

ERP 是一种高时间分辨率的方法，允许分析处理信息在不同刺激阶段的信号调整过程，能够揭示注意过程的深层机制，被广泛用于检验面孔感知的时间动态加工过程。Cacioppo 等人采用 ERP 实验分析脑微状态发现，与非社会威胁刺激相比，孤独组处理社会威胁刺激的速度（刺激开始后约 116 毫秒）比非孤独组（刺激开始后约 252 毫秒）更快，证明孤独感个体存在对社会威胁刺激的注意偏差。关于孤独感人群 ERP 成分的研究相对较少，但是参考注意偏差的脑电成分会发现，N1、P2、P300 等的波幅异常是注意偏差相关电位的参照成分。

本研究采用三类情绪面孔图片作为实验材料，以不同孤独感水平个体作为被试者，采用改进的经典点探测任务探讨不同孤独感发展轨迹亚组个体间的注意偏差是否存在差异，分析注意偏差的具体成分，并进一步分析其脑生理机制。由于拒绝性和接纳性信息分别符合高、低孤独感被试者的自我图式，因而在不同亚组间分配的注意资源也不同。本研究假设高孤独感被试者可能对社交拒绝性信息（厌恶/愤怒面孔）存在注意偏差，而低孤独感被试者可能对社交接纳性信息（高兴面孔）存在注意偏差。

2　研究方法

2.1　被试

本研究使用 G * Power 3.1 软件计算研究所需的样本量。因为 G * Power 无法预估多个被试内变量的实验所需的样本量，可拆成 2（组间）×

2（组内）、2（组间）×2（组内）、2（组间）×3（组内）来做3次预估，效应量设置为0.25，α设置为0.05。计算结果表明，为了达到0.95的统计检验力，本研究共需要44名被试者。实际招募70名被试者（男生35名、女生35名）。

被试者来自大学生孤独感发展轨迹研究。根据孤独感发展轨迹数据的分析结果，将830名被试者分为4个亚组，分别是低孤独—快速上升组64人、低孤独—稳定组283人、高孤独—快速下降组23人、高孤独—缓慢上升组460人。因为本研究试图通过行为实验和脑电实验探究孤独感个体的认知机制，所以选择孤独感比较稳定且比较典型的低孤独—稳定组和高孤独—缓慢上升组。参加本研究的被试者共计70人，采用随机抽样的方法选择出，其中低孤独—稳定组35人（男生17人、女生18人）、高孤独—缓慢上升组35人（男生18人、女生17人）。被试者年龄在19~23岁之间，平均年龄21岁。所有被试者均为右利手，裸眼视力或矫正视力正常，听力正常；近期或过往无神经疾病或精神疾病；没有服用任何已知的会影响中枢神经系统的药物；保证前一天晚上睡眠良好。本研究已获得参与者的知情同意，并获得研究伦理委员会的批准。

2.2 实验设计

本研究采用改进的经典点探测任务（加入中性图片对）考察两组被试者对不同社交评价信息（接纳性信息/拒绝性信息）的注意偏差。为防止不同情绪面孔图片材料之间互相干扰，每个block中都设计了一种情绪图片材料与中性图片材料的配对，如社交拒绝性block中包含愤怒/厌恶面孔和中性面孔、社交接纳性block中包含高兴面孔和中性面孔、中性block中仅包括中性配对面孔。本研究采用行为实验和脑电实验两种技术路线。

本研究采用2（组别：低孤独—稳定组、高孤独—缓慢上升组）×2（一致性：一致、不一致）×2（效价：正性、负性）×3（线索呈现时长：100毫秒、500毫秒、1250毫秒）四因素混合设计，组别为被试间变量，一致性和线索情绪以及时长为被试内变量。

实验指标是被试者面对不同情绪面孔图片的反应时和诱发的N1、P2、P300脑电波幅。行为数据和脑电数据分别由E-Prime软件和脑电记录系统记录。

2.3　实验材料

本研究所选取的情绪面孔图片均来自中国化情绪面孔图片系统（Chinese facial affective picture system，CFAPS）。

在预实验中，首先选取三类情绪面孔图片——高兴面孔图片 30 张、愤怒/厌恶面孔图片 30 张、中性面孔图片 70 张（尺寸相同、底色为灰色、男女面孔各占 50%），分别表征社交接纳、社交拒绝、中性刺激，然后请参加预实验的 30 名被试者［男女各占 50%，平均年龄 19.07 岁（SD = 3.86）］对这三类图片的愉悦度和接纳度进行评分。

预实验采用个别施测，将显示器分辨率、对比度及亮度参数调整为一致后，采用 E-prime 软件呈现不同的实验材料。首先在显示器中央呈现一个 500 毫秒的注视点“+”，接下来依次呈现不同的情绪面孔图片，被试者需要对图片分别进行愉悦度和接纳度的 9 级评分。情绪面孔图片会在被试者按下键后消失，呈现时间最长不超过 2000 毫秒，呈现顺序随机。

实验材料的愉悦度和接纳度评分值见表 3-1。根据结果，将得分排名前 20 的情绪面孔图片作为社交接纳刺激的正式实验材料，将得分排名后 20 的情绪面孔图片作为社交拒绝刺激的正式实验材料，将得分最接近中值 5 的 60 张情绪面孔图片作为中性刺激的正式实验材料。各类情绪面孔图片中男女面孔各占 50%。

表 3-1　三类情绪面孔图片材料的评分表（$M \pm SD$）

情绪面孔图片材料	愉悦度评分	接纳度评分
高兴面孔	7.34 ±0.21	6.97 ±0.25
愤怒/厌恶面孔	2.31 ±0.31	2.47 ±0.31
中性面孔	5.00 ±0.14	5.08 ±0.20

2.4　实验程序

正式实验采用个别施测，被试者进入实验室后戴好电极帽，坐在距离显示器 80 厘米的椅子上注视显示屏中央。显示器大小为 17 英寸，分辨率为 1024×768，刷新率 100Hz。采用 E-Prime 2.0 软件呈现情绪面孔图片和记录实验期间被试者的反应。图片位于显示屏中央，情绪面孔图片视角为4.3°×5.01°，面孔中心距显示屏中心的视角为4.4°，观察视角约为12°×10°。

具体实验流程如图3-1所示。实验刚开始时，显示屏中央将呈现一个注视点“+”，呈现时长500毫秒；之后，显示屏上将呈现一个空白屏作为掩蔽刺激，呈现时长50毫秒；接着，在显示屏左右两侧的方框内呈现配对的情绪面孔图片，呈现时长（100/500/1250毫秒）随机；最后，显示屏左侧或右侧方框内会随机呈现一个探测点（每侧的方框中心点与显示屏中心点的距离设置为5厘米，探测点的直径视角设置为0.3°），此时要求被试者通过按键判断探测点位置是否与目标情绪面孔图片呈现位置一致，当探测点出现在左侧时按“A”键，出现在右侧时按“L”键，按键后探测点随即消失，开始下一个trial，两个trial之间的时间间隔为1500毫秒。正式实验共包括60个情绪面孔图片配对，共600个试次，为防止视觉疲劳，分3次呈现，每次200个试次，中间间隔3分钟。在正式实验前，先请被试者进行20次练习，待掌握操作要求后进行正式实验。

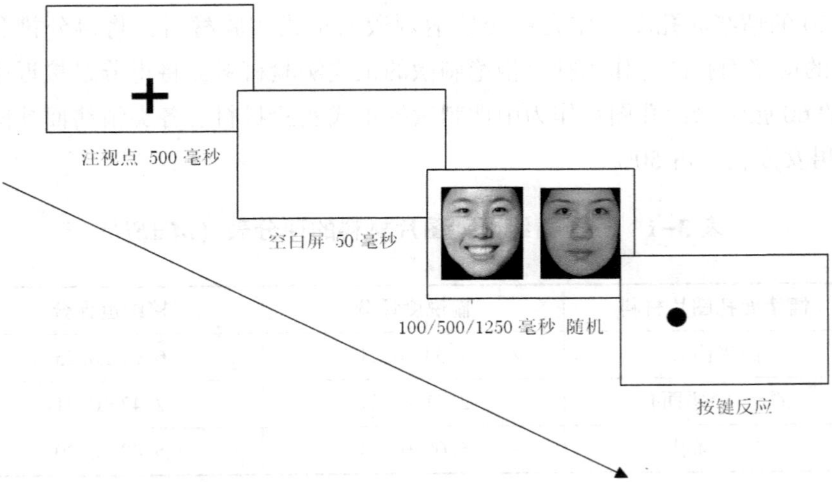

图3-1 正式实验流程图

2.5 数据处理

2.5.1 行为数据分析

在进行反应时数据分析时，首先剔除实验中反应时长短于200毫秒、长于 1200 毫秒的数据，和在±3 个标准差以外的数据。

用探测点与目标情绪面孔图片呈现位置不一致情况下的反应时减去呈现位置一致情况下的反应时，结果即为被试者的注意偏差分数。即注意偏向=不一致反应时-一致反应时，若结果大于 0 则出现注意偏向。在拒绝性-中性面孔配对与接纳性-中性面孔配对的条件下，都存在一致和不一致两种情况。

用探测点与目标情绪面孔图片呈现位置一致情况下的反应时减去呈现位置不一致情况下的反应时，结果即为被试者的注意回避分数。即注意回避=一致反应时-不一致反应时，若结果大于 0 则出现注意回避。

用中性-中性情绪面孔图片的反应时减去探测点与目标情绪面孔图片位置一致时的反应时，结果即为被试者的注意警觉分数。即注意警觉=中性反应时-一致反应时，若结果大于 0 则出现注意警觉。如果注意警觉分数大于 0，表示被试者面对中性图片对的反应时要比探测点与目标情绪面孔图片位置一致时的反应时长，这说明在注意警觉阶段，情绪刺激对注意资源的吸引导致了注意偏差的产生。

用探测点与目标情绪面孔图片位置不一致时的反应时减去中性-中性情绪面孔图片的反应时，结果即为被试者的注意解除分数。即注意解除困难=不一致反应时-中性反应时，若结果大于 0 则出现注意解除困难。如果注意解除分数大于 0，说明被试者从情绪材料上解除的时间大于从中性材料上解除的时间，这说明该被试者对情绪材料存在显著的注意解除困难。

2.5.2　脑电数据记录与分析

(1) 脑电数据记录

实验中的脑电图数据采用 ANT 便携式脑电记录系统和根据国际 10-20 系统扩展的 64 导电极帽（电极位置见图 3-2）进行采集和记录。使用 CPZ 为参考电极，采样频率为 500Hz/导，滤波带通设置为 0.1～70Hz，所有电极阻抗降到 5kΩ 以下。

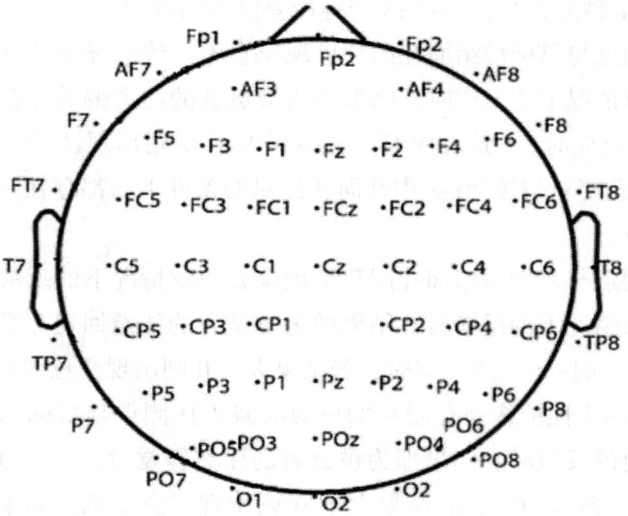

图 3–2　电极位置示意图

（2）脑电数据分析

所有脑电的离线分析均在 EEGLAB 软件中进行。将记录到的原始脑电数据转换为双侧乳突（M1 和 M2）参考后，对数据进行 1～30 Hz 的带通滤波，无相位移动数字滤波（滤波衰减程度为 24 dB/Octave），再对数据进行分段及基线矫正，分段长度分别如下：SOA＝500 毫秒时，线索呈现阶段的分段长度为 700 毫秒，刺激前 200 毫秒为基线，刺激后 500 毫秒为分析时程；靶子探测阶段的分段长度为 900 毫秒，刺激前 100 毫秒为基线，刺激后 800 毫秒为分析时程；SOA＝1250 毫秒时，线索呈现阶段的分段长度为 1000 毫秒，刺激前 200 毫秒为基线，刺激后 800 毫秒为分析时程；靶子探测阶段的分段长度为 900 毫秒，刺激前 100 毫秒为基线，刺激后 800 毫秒为分析时程。使用 ICA 算法去除眼电、心电等对脑电的影响，对调整后波幅大于±90μV 者视为伪迹而自动剔除。最后，对不同类型数据进行平均叠加。鉴于在 SOA＝100 毫秒时难以获得有效的 ERPs 基线，且线索呈现时间较短，因此不对该条件进行 ERPs 分析。

综合总平均图及已有研究，选取线索呈现和靶子探测阶段的 ERPs 成分如下：线索呈现阶段，N1（100～140 毫秒）分为前额（F3、FZ 和 F4 电极点平均值）、顶部（C3、C4 和 CZ 电极点平均值）、枕部（O1、O2 和

OZ 电极点平均值），P2（150～200 毫秒）分为前额（F3、FZ 和 F4 电极点平均值）、顶部（C3、C4 和 CZ 电极点平均值）、枕部（O1、O2 和 OZ 电极点平均值）；靶子探测阶段，N300（260～320 毫秒）分为前额（F3、FZ 和 F4 电极点平均值）、顶部（C3、C4 和 CZ 电极点平均值），P300（380～500 毫秒）分为前额（F3、FZ 和 F4 电极点平均值）、顶部（C3、C4 和 CZ 电极点平均值）。

（3）统计处理

采用 IBM SPSS Statistics 22 软件进行统计分析。描述性统计量均表示为均值±标准误。所有的 F 值或显著性均为 Greenhouse－Geisser 校正值，df 为未校正值。多重比较均经 Bonferroni 法进行矫正。

3　结果分析

3.1　行为实验研究结果

3.1.1　筛选数据

剔除实验中反应时短于 200 毫秒、长于 1200 毫秒的数据，和在±3 个标准差以外的数据。短于 200 毫秒说明被试者按键过快，长于 1200 毫秒说明被试者在实验过程中可能发生了注意转移。删除的数据占总试次的 4%，筛选后的实验数据进入正式分析。因为电脑的原因，有 7 位被试者的实验数据没有成功回收，所以实际被试者 63 人，其中低孤独—稳定组 34 人（男生 17 人、女生 17 人）、高孤独—缓慢上升组 29 人（男生 15 人、女生 14 人），年龄在 19～23 岁之间，平均年龄 21 岁。

3.1.2　数据分析结果

（1）反应时分析

不同亚组在各实验处理上的平均反应时和标准差见表 3-2，以各实验处理的反应时为因变量，以组别为组间变量，以一致性、效价和线索呈现时长为组内变量，做 2×2×2×3 的四因素重复测量方差分析，结果显示所有研究结果不存在显著差异。

表 3-2　不同亚组在各实验处理上的平均反应时和标准差（*ms*）

	低孤独—稳定组		高孤独—缓慢上升组	
	M	***SD***	***M***	***SD***
100 毫秒 中性	476. 79	43. 67	425. 14	56. 35
100 毫秒 接纳：一致	479. 58	43. 94	431. 33	58. 13
100 毫秒 接纳：不一致	491. 75	50. 25	426. 68	51. 66
100 毫秒 拒绝：一致	487. 07	51. 17	431. 88	53. 97
100 毫秒 拒绝：不一致	480. 81	46. 25	433. 78	54. 97
500 毫秒 中性	453. 77	41. 88	420. 98	85. 74
500 毫秒 接纳：一致	455. 94	41. 59	411. 72	50. 14
500 毫秒 接纳：不一致	462. 17	42. 73	421. 54	69. 34
500 毫秒 拒绝：一致	462. 34	46. 57	410. 32	49. 57
500 毫秒 拒绝：不一致	458. 48	45. 33	408. 47	49. 21
1250 毫秒 中性	449. 02	47. 56	390. 26	46. 49
1250 毫秒 接纳：一致	450. 63	46. 20	392. 01	49. 31
1250 毫秒 接纳：不一致	446. 40	47. 76	396. 61	55. 26
1250 毫秒 拒绝：一致	451. 04	45. 58	397. 32	52. 96
1250 毫秒 拒绝：不一致	446. 20	41. 62	394. 40	48. 26

（2）注意偏差分析

不同亚组被试者在 100 毫秒、500 毫秒和 1250 毫秒下对高兴面孔和厌恶/愤怒面孔的注意偏向分数、注意警觉分数和注意解除分数见表 3-3。以各注意偏差分数为因变量，以组别为自变量，做方差分析，结果显示均不存在显著差异。

表 3-3　不同亚组被试者在各 SOA 下的注意偏差分数（*M*±*SD*）

注意偏差	SOA	低孤独—稳定组	高孤独—缓慢上升组
积极偏向	100 毫秒	4. 4±18. 66	−1. 98±20. 58
	500 毫秒	1. 76±18. 71	2. 16±17. 81
	1250 毫秒	−5. 42±17. 51	−2. 19±14. 77
拒绝偏向	100 毫秒	−0. 23±17. 54	0. 47±16. 53
	500 毫秒	−3. 74±20. 54	0. 51±12
	1250 毫秒	−0. 73±16. 39	−1±18. 07
积极注意警觉	100 毫秒	−3. 34±12. 80	−1. 78±17. 1
	500 毫秒	−3. 43±17. 24	−3. 35±18. 18
	1250 毫秒	−4. 27±15. 68	−0. 38±17. 64
拒绝注意警觉	100 毫秒	−2. 72±16. 01	−6. 01±21. 23
	500 毫秒	−5. 99±16. 61	−2. 63±18. 57
	1250 毫秒	−3. 94±15. 50	−2. 19±15. 78
积极解除困难	100 毫秒	7. 73±14. 88	−0. 2±21. 81
	500 毫秒	5. 19±16. 02	5. 51±21. 62
	1250 毫秒	−1. 14±15. 20	−1. 8±18. 88
拒绝解除困难	100 毫秒	2. 49±17. 01	6. 48±16. 31
	500 毫秒	2. 25±19. 77	3. 14±16. 45
	1250 毫秒	3. 21±14. 41	1. 19±19. 31
积极回避	100 毫秒	−4. 4±18. 66	1. 98±20. 58
	500 毫秒	−1. 76±18. 71	−2. 16±17. 81
	1250 毫秒	5. 42±17. 51	2. 19±14. 77
拒绝回避	100 毫秒	0. 23±17. 54	−0. 47±16. 53
	500 毫秒	3. 74±20. 54	−0. 51±12
	1250 毫秒	0. 73±16. 39	1±18. 07

3.2 脑电实验研究结果

3.2.1 ERPs 分析——线索呈现阶段

(1) SOA=500 毫秒

N1

对 N1 的平均波幅进行 2(组别:高孤独—缓慢上升组、低孤独—稳定组)×3(电极位置:前额、顶部、枕部)×3(线索配对类型:积极—中性配对、消极—中性配对、中性—中性配对)的混合重复测量方差分析。其中,组别和电极点位置为组间变量,线索配对类型为组内变量。不同条件下 N1 的平均波幅的描述性统计见表 3-4。

表 3-4 不同条件下 N1 的平均波幅(μV)($M \pm SD$)

组别	电极点位置	线索配对类型		
		H1	H2	H3
高孤独—缓慢上升组(n=35)	前额	−1.05±1.85	−0.96±1.99	−1.65±1.99
	顶部	−2.17±2.51	−1.98±2.40	−2.10±2.39
	枕部	0.34±1.27	0.49±1.50	0.25±1.42
低孤独—稳定组(n=35)	前额	−0.14±1.66	−0.03±1.62	0.36±1.96
	顶部	−0.36±1.72	−0.22±2.04	−0.35±2.23
	枕部	0.03±1.56	−0.20±1.79	−0.24±1.99

注:H1=积极—中性配对,H2=消极—中性配对,H3=中性—中性配对,下同。

方差分析结果表明,线索配对类型主效应显著,$F(2, 408)=6.14$,$p<0.01$,$\eta_P^2=0.029$。Bonferroni 多重比较结果表明,中性—中性配对条件下的 N1 波幅(M=−1.480μV)比消极—中性配对条件下(M=−1.144μV)更负,但是其他比较间差异不显著。组别主效应显著,$F(1, 204)=5.10$,$p<0.05$,$\eta_P^2=0.024$,低孤独—稳定组的 N1 波幅(M=−1.62μV)比高孤独—缓慢上升组(M=−0.96μV)更负。电极点主效应显著,$F(2, 204)=13.87$,$p<0.001$,$\eta_P^2=0.12$。Bonferroni 多重比较结果表明,前额(M=−2.00μV)和顶部(M=−1.65μV)电极点的 N1 波幅显著大于枕部(M=−0.22μV),但前额和顶部电极点的 N1 波幅没有显著差异。

线索配对类型和组别的交互效应边缘显著，$F(2, 408) = 2.70$，$p = 0.07$，$\eta_P^2 = 0.013$。进一步在不同配对条件下进行配对样本 t 检验，结果表明，在积极—中性配对中，低孤独—稳定组的 N1 波幅（M = −1.642μV）显著大于高孤独—缓慢上升组（M = −0.8506μV），$t(1, 208) = 2.48$，$p < 0.05$；在消极—中性配对中，低孤独—稳定组的 N1 波幅（M = −1.537μV）显著大于高孤独—缓慢上升组（M = −0.751μV），$t(1, 208) = 2.42$，$p < 0.05$。在中性—中性配对中，组别差异不显著，$t(1, 208) = 1.13$，$p > 0.05$。

线索配对类型、电极点和组别的交互效应不显著，$F(4, 408) = 1.52$，$p > 0.05$；线索配对类型和电极点的交互效应不显著，$F(2, 204) = 0.68$，$p > 0.05$；电极点和组别的交互效应不显著，$F(2, 204) = 2.29$，$p > 0.05$。

P2

对 P2 的平均波幅进行 2（组别：高孤独—缓慢上升组、低孤独—稳定组）×3（电极位置：前额、顶部、枕部）×3（线索配对类型：积极—中性配对、消极—中性配对、中性—中性配对）的混合重复测量方差分析。其中，组别和电极点位置为组间变量，线索配对类型为组内变量。不同条件下 P2 平均波幅的描述性统计见表 3-5。

表 3-5 不同条件下的 P2 平均波幅（μV）（*M*±*SD*）

组别	电极点位置	线索配对类型		
		H1	H2	H3
高孤独—缓慢上升组（n=35）	前额	3.05±3.48	3.24±3.53	2.11±3.33
	顶部	2.42±3.26	2.53±3.01	1.60±3.03
	枕部	0.31±2.11	0.44±2.23	0.19±1.97
低孤独—稳定组（n=35）	前额	0.59±2.60	0.96±2.86	0.60±2.84
	顶部	0.74±2.61	1.02±2.16	0.79±2.07
	枕部	1.25±2.11	1.14±2.00	0.92±2.15

方差分析结果表明，线索配对类型主效应显著，$F(2, 408) = 12.74$，$p < 0.01$，$\eta_P^2 = 0.059$。Bonferroni 多重比较结果表明，积极—中性配对（M=1.392μV）、消极—中性配对（M=1.554 μV）的 P2 波幅均显著大于中性—中性配对（M=1.037μV），但积极—中性配对、消极—中性配对间没有显著差异。

组别主效应显著，$F(1, 204) = 6.266$，$p < 0.05$，$\eta_P^2 = 0.030$，高孤独—缓慢上升组的 P2 波幅（M=1.766μV）大于低孤独—稳定组（M=0.890μV）。

电极点主效应显著，$F(2, 204) = 3.277$，$p < 0.05$，$\eta_P^2 = 0.031$。Bonferroni 多重比较结果表明，前额电极点的 P2 波幅（M=1.758μV）大于枕部（M=0.710μV），但前额和顶部、顶部和枕部电极位置间的差异不显著。

线索配对类型和组别交互效应显著，$F(2, 408) = 4.05$，$p < 0.05$，$\eta_P^2 = 0.019$。进一步简单效应分析表明，在积极—中性配对中，高孤独—缓慢上升组的 P2 波幅（M=1.9262μV）大于低孤独—稳定组（M=0.8585μV），$t(208) = 2.717$，$p < 0.01$；在消极—中性配对中，高孤独—缓慢上升组的 P2 波幅（M=2.0684μV）大于低孤独—稳定组（M=1.0405μV），$t(208) = 2.668$，$p < 0.01$。在中性和中性配对中，组间差异不显著，$t(208) = 1.449$，$p > 0.05$。

组别和电极点交互效应显著，$F(2, 204) = 6.04$，$p < 0.01$，$\eta_P^2 = 0.056$。进一步简单效应分析表明，在前额电极点，高孤独—缓慢上升组的 P2 波幅（M=2.800μV）大于低孤独—稳定组的 P2 波幅（M=0.717μV），$t(68) = 2.941$，$p < 0.01$；在顶部电极点，组间差异显著，$t(68) = 2.701$，$p < 0.05$；枕部电极点的组间差异不显著，$t(68) = 1.671$，$p > 0.05$。

线索配对类型和电极点的交互效应不显著，$F(4, 408) = 1.018$，$p > 0.05$；线索配对类型、组别和电极点交互效应不显著，$F(4, 408) = 1.608$，$p > 0.05$。

两组被试者在不同电极点及不同线索配对类型条件下的 ERPs 波形图及 N1 和 P2 的地形图详见图 3-3、图 3-4、图 3-5。

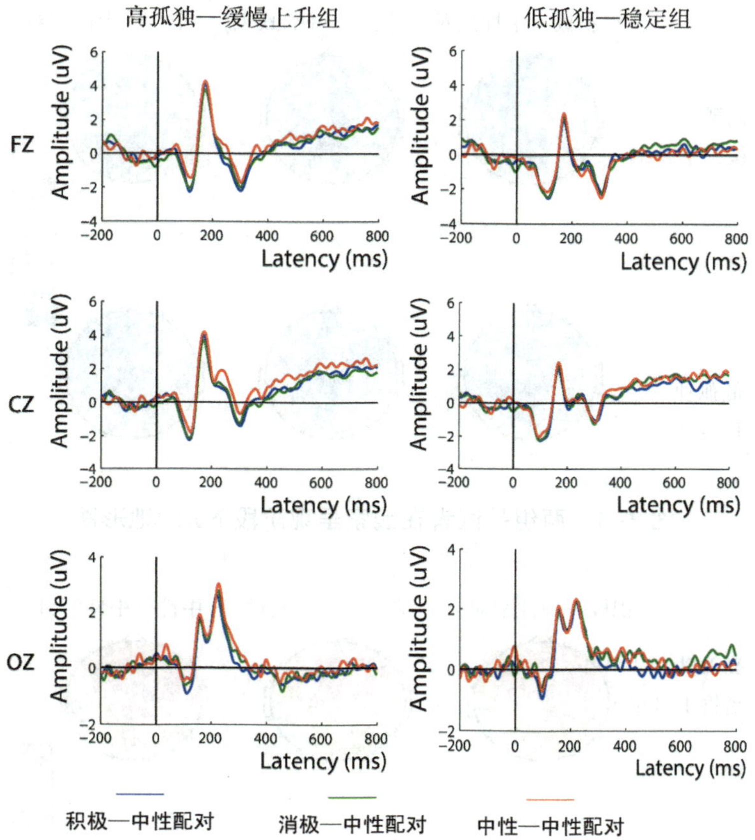

图 3-3　两组被试者在线索呈现阶段的总平均 ERPs 波形图

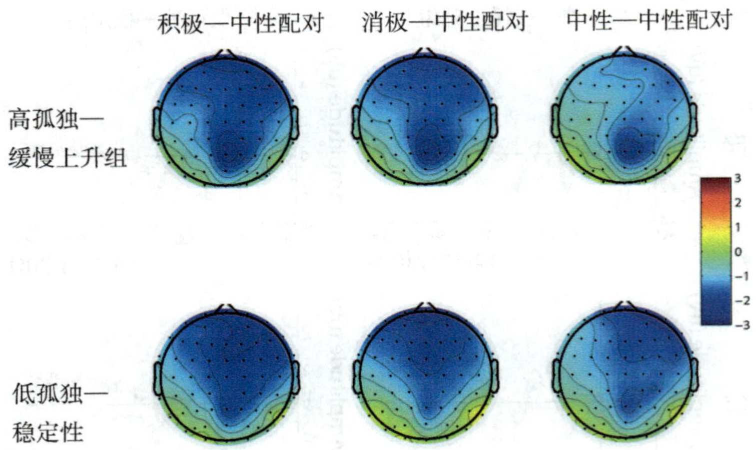

图 3-4　两组被试者在线索呈现阶段 N1 的地形图

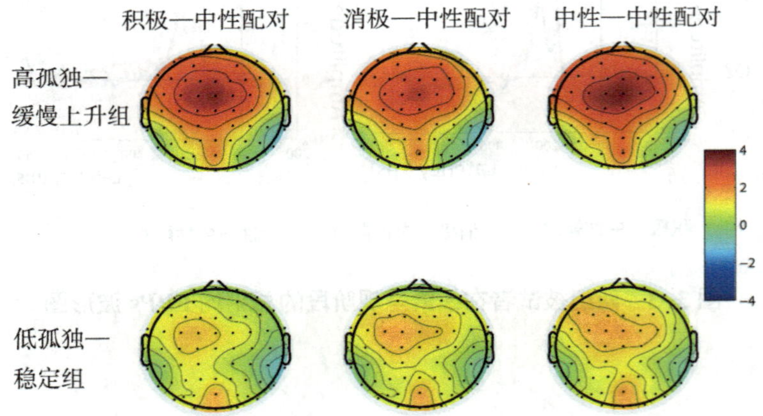

图 3-5　两组被试者在线索呈现阶段 P2 的地形图

（2）SOA = 1250 毫秒

N1

对 N1 的平均波幅进行 2（组别：高孤独—缓慢上升组、低孤独—稳定组）×3（电极位置：前额、顶部、枕部）×3（线索配对类型：积极—中性配对、消极—中性配对、中性—中性配对）的混合重复测量方差分析。其中，组别和电极点位置为组间变量，线索配对类型为组内变量。不同条件下 N1 平均波幅的描述性统计见表 3-6。

表 3-6　不同条件下的 N1 平均波幅（μV）（*M*±*SD*）

组别	电极点位置	线索配对类型		
		H1	H2	H3
高孤独—缓慢上升组（n=35）	顶部	−1.63±2.16	−1.41±2.20	−1.03±2.40
	前额	−1.74±2.16	−1.65±2.31	−1.15±2.57
	枕部	−0.36±2.56	0.22±2.49	0.02±2.68
低孤独—稳定组（n=35）	顶部	−1.63±2.24	−1.45±2.13	−1.35±2.14
	前额	−2.02±2.34	−1.90±2.61	−1.62±2.71
	枕部	−0.1±1.71	0.16±1.62	0.02±1.59

方差分析结果表明，线索配对类型主效应显著，$F(2, 408) = 9.15$，$p < 0.01$，$\eta_P^2 = 0.043$。积极—中性配对（M=−1.218μV）和消极—中性配对（M=−1.077μV）条件下的顶部 N1 波幅显著大于中性—中性配对（M=−.860μV），但是积极—中性配对和消极—中性配对间没有显著差异。

组别主效应不显著，$F(1, 204) = 0.09$，$p > 0.05$。电极点主效应显著，$F(2, 204) = 10.71$，$p < 0.01$，$\eta_P^2 = 0.95$。Bonferroni 多重比较结果表明，前额（M=−1.679μV）和顶部（M=−1.389μV）电极点的 N1 波幅显著大于枕部（M=−1.389μV）（*ps* 均小于 0.01），但前额和顶部电极点的 N1 波幅没有显著差异。

线索配对类型和组别的交互效应不显著，$F(2, 408) = 1.36$，$p > 0.05$。线索配对类型、电极点和组别的交互效应不显著，$F(4, 408) = 0.023$，$p > 0.05$；线索配对类型和电极点位置的交互效应不显著，$F(4, 408) = 0.84$，$p > 0.05$；电极点和组别的交互效应不显著，$F(2, 204) = 0.31$，$p > 0.05$。

P2

对 P2 的平均波幅进行 2（组别：高孤独—缓慢上升组、低孤独—稳定组）×3（电极位置：前额、顶部、枕部）×3（线索配对类型：积极—中性配对、消极—中性配对、中性—中性配对）的混合重复测量方差分析。其中，组别和电极点位置为组间变量，线索配对类型为组内变量。不同条件下 P2 平均波幅的描述性统计见表 3-7。

表 3-7　不同条件下的 P2 平均波幅（μV）（$M\pm SD$）

组别	电极点位置	线索配对类型		
		H1	H2	H3
高孤独—缓慢上升组（n=35）	顶部	2. 64±3. 10	2. 38±3. 24	2. 85±3. 73
	前额	2. 98±4. 48	2. 71±3. 25	3. 07±3. 16
	枕部	0. 86±3. 17	0. 77±2. 56	0. 96±2. 79
低孤独—稳定组（n=35）	顶部	0. 96±2. 55	1. 16±2. 48	1. 24±2. 48
	前额	0. 97±2. 86	1. 23±2. 78	1. 35±2. 77
	枕部	1. 26±2. 41	1. 24±1. 99	1. 28±2. 17

方差分析结果表明，线索配对类型主效应边缘显著，F（2，408）= 2. 60，p =0. 07，η_P^2=0. 013。但 Bonferroni 多重比较结果未发现显著差异。

组别主效应显著，F（1，204）= 6. 28，p< 0. 05，η_P^2 =0. 03，高孤独—缓慢上升组的 P2 波幅（2. 137μV）大于低孤独—稳定组（1. 189μV）。电极点主效应不显著，F（2，204）= 2. 60，p> 0. 05。电极点和组别交互效应显著，F（2，204）= 3. 20，p < 0. 05，η_P^2 =0. 03。

线索配对类型和组别交互效应不显著，F（2，408）= 1. 73，p > 0. 05。线索配对类型和电极点交互效应不显著，F（4，408）= 0. 21，p > 0. 05；线索配对类型、组别和电极点交互效应不显著，F（4，408）= 0. 33，p > 0. 05。

两组被试者在不同电极点及不同线索配对类型条件下的 ERPs 波形图及 N1 和 P2 的地形图详见图 3-6、图 3-7、图 3-8。

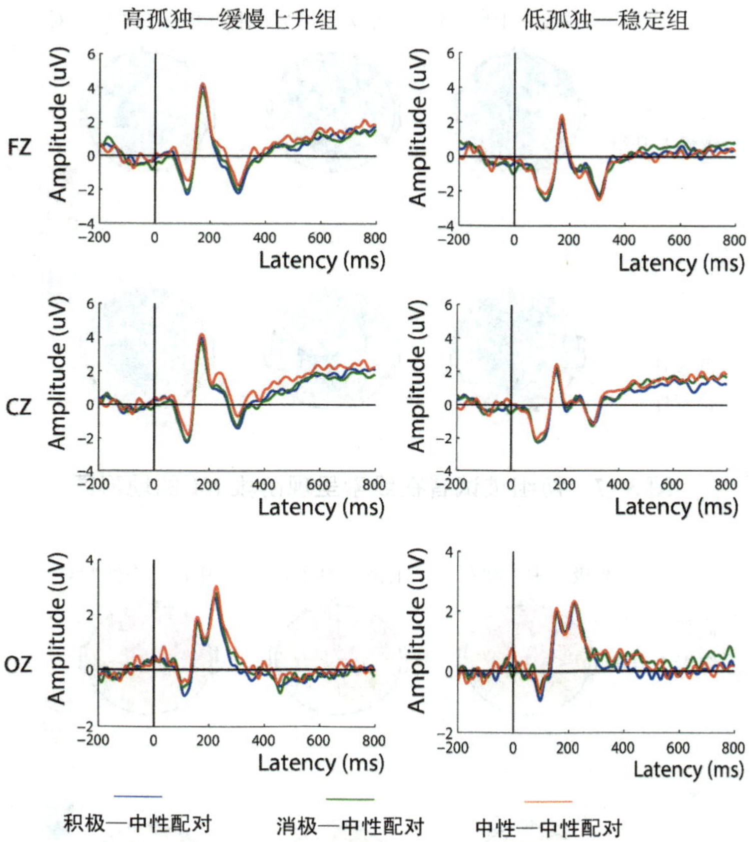

图 3-6　两组被试者在线索呈现阶段的总平均 ERPs 波形图

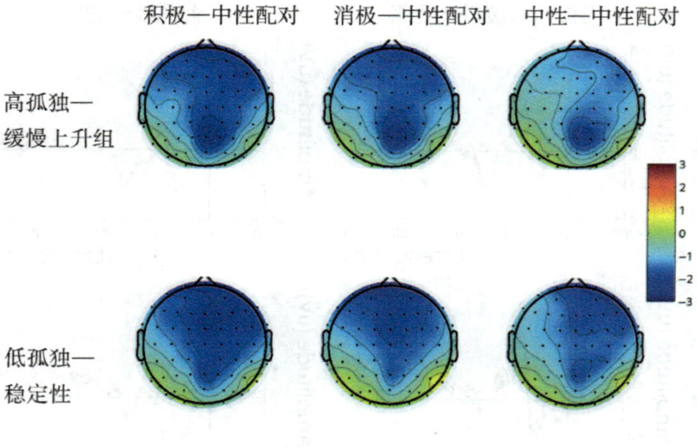

图 3−7　两组被试者在线索呈现阶段 N1 的地形图

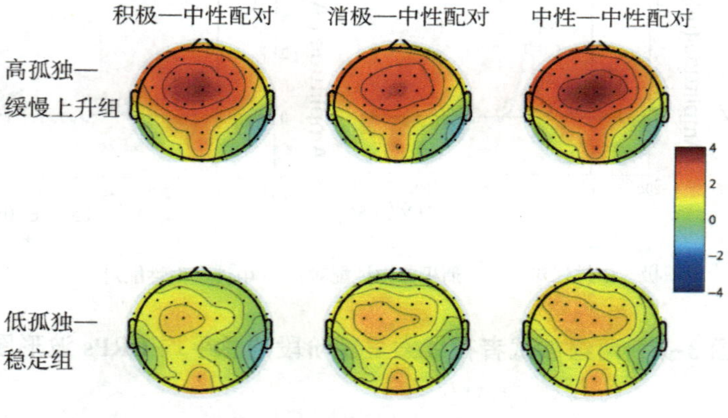

图 3−8　两组被试者在线索呈现阶段 P2 的地形图

3.2.2　ERPs 分析——靶子探测阶段

（1）SOA＝500 毫秒

P300

对 P300 的平均波幅进行 2（组别：高孤独—缓慢上升组、低孤独—稳定组）×2（电极位置：前额、顶部）×5（靶子类型：靶子与愉悦面孔同侧、靶子与愉悦面孔异侧、靶子与消极面孔同侧、靶子与消极面孔异侧、中性—中性配对）的混合重复测量方差分析。其中，组别和电极点位置为组间变量，靶子类型为组内变量。不同条件下 P300 平均波幅的描述性统计见表 3-8。

表 3-8　不同条件下的 P300 平均波幅（μV）（M±SD）

组别	电极点位置	靶子类型				
		T1	T2	T3	T4	T5
高孤独—缓慢上升组（n=35）	顶部	4.58 ±4.65	6.36±6.05	4.42 ±5.97	6.17 ±4.57	4.94 ±4.59
	前额	3.25 ±5.18	4.05±6.25	2.72 ±8.24	4.98 ±5.48	3.61 ±4.61
低孤独—稳定组（n=35）	顶部	3.10±2.84	3.42±3.41	3.16 ±3.40	3.25 ±2.90	3.32 ±2.43
	前额	1.64±2.75	2.23±3.44	2.02 ±3.37	2.31 ±2.60	2.13±2.52

方差分析结果表明，靶子类型主效应显著，$F(4, 544) = 4.56$，$p < 0.01$，$\eta_P^2 = 0.032$。Bonferroni 多重比较结果表明，靶子与消极面孔异侧条件下的 P300 波幅（M=4.1798 μV）比靶子与消极面孔同侧条件下（M=3.114 μV）和靶子与愉悦面孔同侧条件下（M=3.079 μV）更正；其他条件下未见显著差异。

组别主效应显著，$F(1, 136) = 8.31$，$p < 0.01$，$\eta_P^2 = 0.058$。高孤独—缓慢上升组的 P300 波幅（M=4.508 μV）大于低孤独—稳定组（M=2.659 μV）。

电极位置主效应显著，$F(1, 136) = 4.59$，$p < 0.05$，$\eta_P^2 = 0.033$。顶部电极点的 P300 波幅（M=4.271 μV）大于前额（M=2.895 μV）。

靶子类型和组别的交互效应显著，$F(4, 544) = 2.433$，$p < 0.05$，$\eta_P^2 = 0.018$。进一步简单效应分析表明，在靶子与愉悦面孔同侧、靶子与愉悦面孔异侧、靶子与消极面孔异侧、中性和中性配对条件下，高孤独—缓慢上升组的 P300 波幅均显著大于低孤独—稳定组，而在靶子与消极面孔同侧条件下无显著差异。

靶子类型、电极位置和组别的交互效应不显著，$F(4, 544) = 0.26$，$p > 0.05$；靶子类型和电极位置的交互效应不显著，$F(4, 544) = 0.17$，$p > 0.05$；电极位置和组别的交互效应不显著，$F(1, 136) = 0.09$，$p > 0.05$。

两组被试者在靶子探测阶段的总平均 ERPs 波形图及 P300 的地形图见

图3-9、图 3-10。

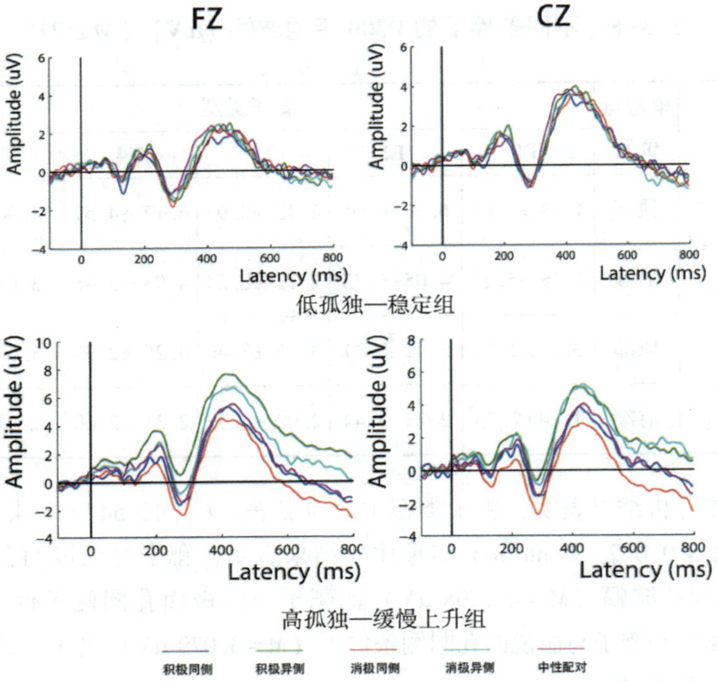

图 3-9　两组被试者在靶子探测阶段的总平均 ERPs 波形图

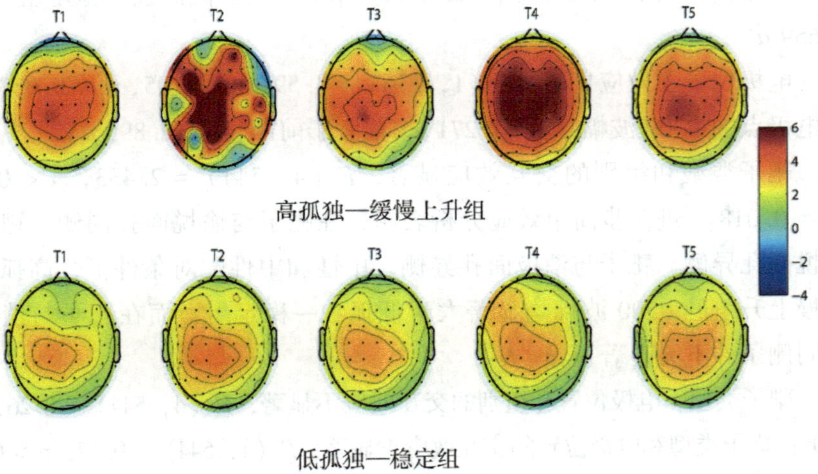

图 3-10　两组被试者在靶子探测阶段 P300 的地形图

（2）SOA = 1250 毫秒

P300

对 P300 的平均波幅进行 2（组别：高孤独—缓慢上升组、低孤独—稳定组）×2（电极位置：前额、顶部）×5（靶子类型：靶子与愉悦面孔同侧、靶子与愉悦面孔异侧、靶子与消极面孔同侧、靶子与消极面孔异侧、中性—中性配对）的混合重复测量方差分析。其中，组别和电极点位置为组间变量，靶子类型为组内变量。不同条件下 P300 平均波幅的描述性统计见表 3-9。

表 3-9　不同条件下的 P300 平均波幅（μV）（$M \pm SD$）

组别	电极	靶子类型				
		T1	**T2**	**T3**	**T4**	**T5**
高孤独—缓慢上升组（n=35）	顶部	2. 38 ±3. 48	2. 96 ±3. 60	2. 39 ±2. 97	2. 91 ±3. 43	3. 10± 3. 79
	前额	3. 86 ±3. 84	4. 11 ±4. 12	4. 02 ±3. 29	4. 18 ±3. 64	4. 40 ±3. 99
低孤独—稳定组（n=35）	顶部	1. 85 ±2. 41	1. 46 ±2. 86	1. 21 ±2. 79	1. 10±3. 07	1. 40 ±2. 83
	前额	3. 20 ±2. 81	2. 57 ±2. 70	2. 47 ±2. 66	2. 33± 2. 74	2. 74 ±2. 88

方差分析结果表，靶子类型主效应不显著，$F(4, 544) = 1.215$，$p > 0.05$。组别主效应显著，$F(1, 136) = 8.291$，$p < 0.01$，$\eta_P^2 = 0.057$，高孤独—缓慢上升组的 P300 波幅（M = 3. 430μV）大于低孤独—稳定组（M = 2. 033μV）。

电极点主效应显著，$F(1, 136) = 7.32$，$p < 0.01$，$\eta_P^2 = 0.051$。顶部电极点的 P300 波幅（M = 3. 338μV）大于前额（M = 2. 08μV）。

靶子类型和组别的交互效应显著，$F(4, 544) = 2.92$，$p < 0.05$，$\eta_P^2 = 0.021$。简单效应分析表明，在靶子与愉悦面孔异侧、靶子与消极面孔同侧、靶子与消极面孔异侧、中性—中性配对条件下，高孤独—缓慢上升组中的 P300 波幅均显著大于低孤独—稳定组，而在靶子与愉悦面孔同侧条件下无显著差异。

电极位置和组别的交互效应不显著，$F(1, 136) = 0.01$，$p > 0.05$；

靶子类型、电极位置和组别的交互效应不显著，$F\ (4,\ 544) = 0.08$，$p > 0.05$；靶子类型和电极位置的交互效应不显著，$F\ (4,\ 544) = 0.21$，$p > 0.05$。

两组被试者在不同电极点及不同靶子类型条件下的 ERPs 波形图及 P300 的地形图详见图 3-11、图 3-12。

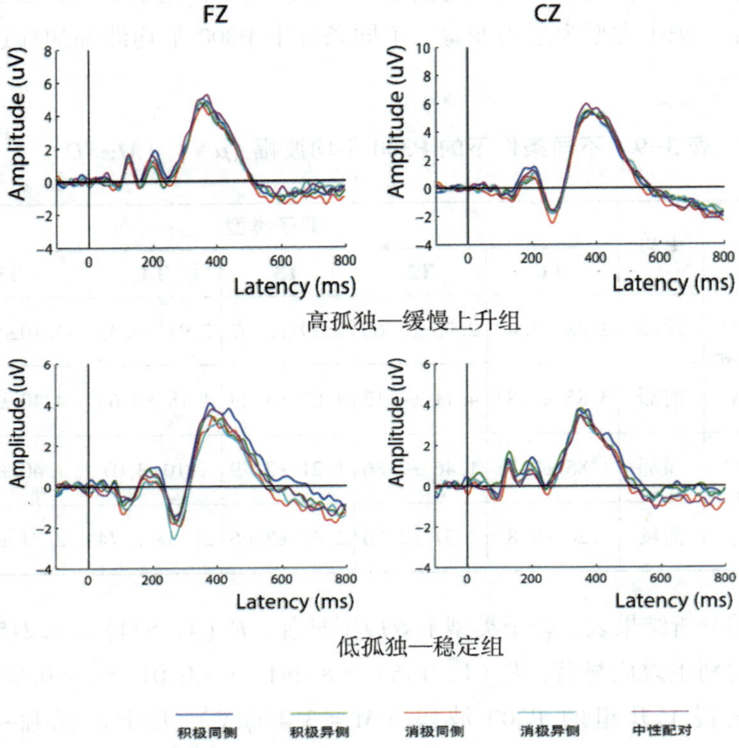

图 3-11　两组被试者在靶子探测阶段的总平均 ERPs 波形图

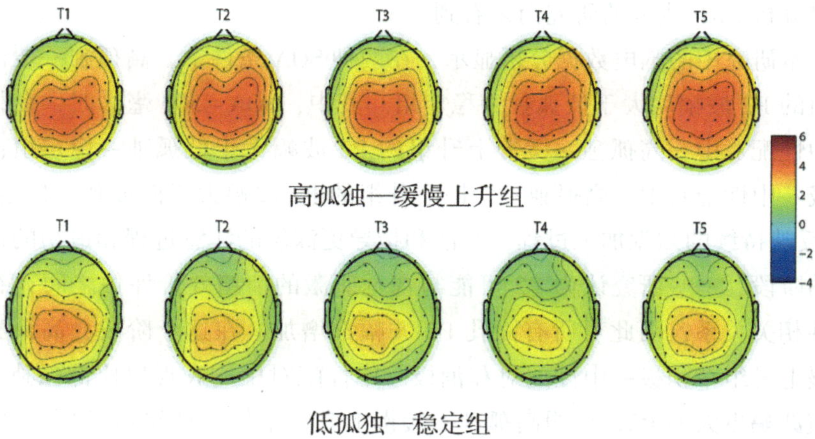

图 3-12　两组被试者在靶子探测阶段 P300 的地形图

4　讨论

本研究中的行为实验结果差异均不显著，可能与各组被试者人数不多有关，被试者为大学生孤独感发展轨迹追踪研究结果的亚组，高孤独—缓慢上升组的孤独感得分没有达到统计学意义上的高孤独，被试者典型性不够。

本研究中的脑电数据分析显示，SOA = 500 毫秒时，低孤独—稳定组的 N1 波幅比高孤独—缓慢上升组更负。在积极—中性面孔配对中，低孤独—稳定组的 N1 波幅显著大于高孤独—缓慢上升组，说明低孤独—稳定组存在对积极面孔信息的注意警觉。在消极—中性配对中，低孤独—稳定组的 N1 波幅显著大于高孤独—缓慢上升组，说明低孤独—稳定组存在对消极面孔的注意警觉。ERP 早期成分 N1 被认为反映了个体对于刺激的早期注意，产生于专门进行人脸识别的大脑后侧视觉区域，并且反映注意参与的知觉主张，例如察觉目标增加和对目标进行区分等，因此 N1 可能对面部加工处理过程特别敏感。本研究发现，低孤独—稳定组个体存在对面孔信息的注意警觉，但与面孔性质无关。关于这个部分，本研究采用的方法与以往研究不同，以往探究采用 ERP 技术对脑微状态进行分析，结果发现孤独组处理社会威胁刺激的速度（刺激开始后约 116 毫秒）比非孤独组（刺激开始后约 252 毫秒）更快，证明高孤独者存在对社会威胁刺激的注意偏差，直接分析 ERP 成分的研究尚未看到。

本研究中的脑电数据分析显示，在两种 SOA 条件下，高孤独—缓慢上升组的 P2 波幅均大于低孤独—稳定组。其中，SOA = 500 毫秒时，在积极—中性配对中，高孤独—缓慢上升组的 P2 波幅大于低孤独—稳定组；在消极—中性配对中，高孤独—缓慢上升组的 P2 波幅大于低孤独—稳定组。P2 反映持续的知觉加工过程，激活和指导更深层的注意过程和最初的情绪评估阶段，一些研究认为 P2 可能与视觉刺激的情绪效价评估之间存在功能性相关关系，因此对所有面孔 P2 波幅都增加。在这个阶段，高孤独—缓慢上升组在积极—中性配对和消极—中性配对中均表现出比低孤独—稳定组波幅更大的 P2，说明高孤独—缓慢上升组个体对情绪信息更为敏感，存在对情绪信息的注意警觉，但与积极情绪还是消极情绪无关。本研究结果与以往研究结果一致，社会焦虑个体对不同情绪信息在 P2 上没有显著差异。

本研究中的脑电数据分析显示，SOA = 500 毫秒时，高孤独—缓慢上升组的 P300 波幅比低孤独—稳定组更大，顶部电极点的 P300 波幅大于前额，靶子与消极面孔异侧条件下的 P300 波幅比靶子与消极面孔同侧和靶子与积极面孔同侧条件下的更正。SOA = 1250 毫秒时，组别主效应显著，高孤独—缓慢上升组的 P300 波幅大于低孤独—稳定组，顶部电极的 P300 波幅比前额更正。靶子类型和组别的交互效应显著，在靶子与愉悦面孔异侧、靶子与消极面孔同侧、靶子与消极面孔异侧、中性—中性配对条件下，高孤独—缓慢上升组中的 P300 均显著大于低孤独—稳定组。研究表明，从分心物中解除注意，并将注意指向目标刺激的过程与头皮顶中部的 P300 相关。P300 是选择性注意的主要标志，如果个体存在对威胁信息的注意解除困难，将在特定条件下诱发较大的 P300。SOA = 500 毫秒时，靶子与消极面孔异侧条件下的 P300 比靶子与消极面孔同侧的更正，说明个体存在对消极刺激的解除困难，这与以往研究结果一致。注意偏差的成分研究受线索呈现时间的影响，要观察到注意警觉，SOA 应该小于 100 毫秒甚至是阈下刺激；要观察到注意解除困难，SOA 应当大于 300 毫秒且小于 500 毫秒；当 SOA 介于 100~300 毫秒时，可能同时出现注意警觉和注意解除困难。

本研究结果显示，SOA = 1250 毫秒时，在靶子与愉悦面孔异侧、靶子与消极面孔同侧、靶子与消极面孔异侧、中性—中性配对条件下，高孤独—缓慢上升组中的 P300 波幅均显著大于低孤独—稳定组。P300 是反映认知功能最有价值的指标之一，是注意晚期的自上而下的认知加工，间接反映了大脑对信息进行加工时有效利用资源的程度，即个体感受、提取、传递信息的能力，与注意、记忆以及认知加工的强度有关。这个研究结果说明，随着刺激呈现时间的增长，高孤独—缓慢上升组对消极刺激的注意解除困难消除，对所有刺激均进行积极的加工处理，比低孤独组感受、提取、传递信息的数量更多，注意、记忆以及认知加工的强度更强，认知活跃程度要高于低孤独—稳定组。这可能与高孤独—缓慢上升组面临情绪刺激有更大压力，所以导致更多认知加工过程有关。本研究结果与以往研究结果一致，孤独感和认知功能之间的关系会受其他因素的影响，比如情绪状态或者对孤独的态度等。

5 小结

本研究得到以下几个结论：

（1）孤独感个体存在注意偏差。SOA = 500 毫秒时，高孤独感个体存在对消极刺激的注意解除困难，随着刺激呈现时间的增长，对消极刺激的注意解除困难消除；SOA = 1250 毫秒时，高孤独—缓慢上升组表现出对所有刺激信息的认知加工，认知活跃度高于低孤独—稳定组。

（2）低孤独—稳定组个体对面孔信息存在注意警觉，但与面孔性质无关。

（3）高孤独—缓慢上升组个体对情绪信息更为敏感，存在对情绪信息的注意警觉，但与积极情绪还是消极情绪无关。

研究五 大学生孤独感发展轨迹亚组个体的解释偏差机制研究

1 问题提出

解释偏差是指个体以积极或者消极的方式对社交刺激做出带有一定偏好的解释。解释偏差在认知偏差中具有重要影响。首先，各种认知偏差不是独立地发挥作用，而是互相影响，解释偏差可能对其他认知偏差产生作用。其次，与注意偏差相比，解释偏差反映了个体对刺激的后期加工，决定了人们赋予所处社交情境的意义，与个体对社交情境的反应有更直接的联系。解释及解释偏差对行为发生具有重要作用。一方面，从加工过程来看，解释被视为在信息注意之后立即发生，注意与解释关系密切，负性解释偏差与负性注意偏差显著相关；另一方面，认知行为理论认为，对行为和事物的理解往往会直接决定个体的行为，因而解释偏差往往会直接产生一定倾向的行为。方小平研究发现，消极解释偏差组大学生孤独感得分要显著高于普通组和积极解释偏差组，普通组大学生孤独感得分又显著高于积极解释偏差组，显然解释偏差会影响个体的孤独感水平。

研究者通常采用同音异形异义词/同形异义词范式、语句关联范式、模糊故事范式、反应时范式和词句联想范式对被试者的解释偏差进行评估和研究。

以往对社会焦虑者的解释偏差研究表明，社会焦虑个体对社交情境做出了更多的消极解释，但其在非社交情境中并没有表现出这种倾向，这说明社会焦虑个体的解释偏差在内容上存在情境特异性。Stopa 和 Clark 发现解释偏差在模糊情境和消极情境中具有一致性，高社会焦虑者既会以消极方式解释模糊情景下的社交事件，也会以灾难化的方式对消极情境做出解释。个体以更消极的方式对信息进行解释，这反映的可能是一种稳定的信息加工模式，这个模式一旦形成，个体也会对积极的社交线索做出消极解释。研究结果表明，孤独感与社会焦虑具有高相关性，二者之间的机制与社会焦虑及解释偏差之间的机制高度相似。为了考察社交情境特异性在孤独感个体身上是否存在，本研究也采用了社会和非社会情境材料。

本研究探讨大学生孤独感发展轨迹两个亚组（低孤独—稳定组、高孤独—缓慢上升组）在解释偏差上的差异，了解不同亚组是否存在威胁/积极解释偏差。基于孤独感的产生与运行机制，本研究采用语句关联范式（Words and Sentences Association Paradigm，WSAP）。通过记录被试者在社会/非社会的威胁/积极语句关联上的反应时和反应频数，计算被试者的积极/威胁解释偏差，比较不同亚组在解释偏差上的差异。本研究假设高孤独者存在对社会威胁信息的解释偏差，这种解释偏差会强化他们的不当行为，从而影响社交关系，进而验证他们的解释偏差，导致更强的孤独感。

2　研究方法

2.1　被试

本研究使用 G * Power 3.1 软件计算研究所需的样本量，效应量设置为 0.25，α 设置为 0.05。计算结果表明，为了达到 0.95 的统计检验力，本研究共需要 54 名被试者。实际招募 70 名被试者（男生 35 名、女生 35 名），与研究四相同。

2.2　实验设计

本研究采用语句关联范式考察被试者的解释偏差。采用 2（组别：低孤独—稳定组、高孤独—缓慢上升组）×2（情境类型：社会情境、非社会情境）的两因素混合设计，组别为被试间变量，情境类型为被试内变量，积极解释偏差分数和消极解释偏差分数为因变量。本研究数据通过 E-Prime 2.0 及 IBM SPSS Statistics 24.0 软件进行分析。

2.3　实验材料

本研究采用语句关联范式对解释偏差进行测量。原始材料为 220 个词语和 110 个句子，由 76 个描述社会语境的句子（如“你说了什么之后大家笑了”）和 34 个描述非社会情境的句子（如“你感觉飞机在降落”）组成。每个句子分别和两个词语搭配，这两个词语一个为积极性词语（如“有趣”），一个为威胁性词语（如“尴尬”）。本研究从原始材料中抽取适合中国文化的词语和句子，排除了包含双重含义的词语和句子，并对一些不太合适大学生被试者的字词做了修改（如将“你的薪资将发生变化”改成“你的学生津贴将发生变化”），经多名心理学教师讨论后达成共识。正式实验时，从原始材料中随机选取了 55 个句子，以及与句子对应的共 110 个词语（积极性和威胁性词语各占 50%）。示例材料见表 3-10。

表 3-10　示例材料

威胁性词语	积极性词语	模糊情景句子
批评	表扬	你的老师想见你
尴尬	有趣	你说了什么之后大家笑了
愤怒	分心	你朝朋友挥手，对方没理你
无聊	忙碌	你的约会必须提前结束

2.4　实验程序

每一个实验 trail 包括四步：首先，显示屏中央会呈现一个注视点“+”，呈现时长 500 毫秒；然后，显示屏中央会呈现一个威胁性含义的诱导词语（如“尴尬”）或积极性含义的诱导词语（如“有趣”），呈现时长 500 毫秒；接着，显示屏中央会呈现一个模糊含义的句子（如“你说了什么之后大家笑了”），被试者看完句子后需要按空格键继续；最后，要求被试者针对诱导词语与模糊情景句子的联系进行判断，认为有关按“1”键，认为无关按“3”键，被试者做出按键反应后下一个 trail 开始。每个积极性词语与威胁性词语搭配同一个句子，共 110 个正式实验 trail 和 8 个练习 trail，每个词语—句子匹配的 trail 由电脑随机呈现，所有文本为白色 18 号字、黑色背景。根据正式实验的按键频次及反应，被试者的威胁解释偏差分数 = 拒绝威胁（拒绝威胁意义关联）平均反应时—认可威胁（接受威胁意义关联）平均反应时，积极解释偏差 = 认可积极（接受积极意义关联）平均反应时—拒绝积极（拒绝积极意义关联）平均反应时。主试者均为心理学研究生，经过统一训练，对被试者施测。

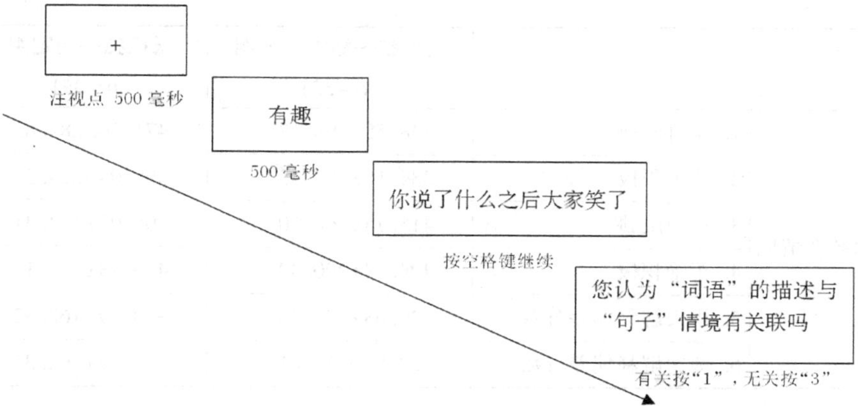

图 3-13　正式实验流程图

3　结果分析

为排除极端值的干扰，参照 Beard 和 Amir 的研究，删除了反应时低于 50 毫秒以及高于 2000 毫秒的试次，本研究的删除率为 3. 69%。

（1）以反应时为指标的统计分析结果

不同亚组在各实验条件下反应时的描述性统计分析情况见表 3-11。

表 3-11　不同亚组解释偏差分数的描述性统计分析表（*M*±*SD*）

		高孤独—缓慢上升组（n=35）	低孤独—稳定组（n=35）
社会情境	1. 认可威胁	438. 78±205. 62	462. 47±291. 1
	2. 认可积极	406. 77±205. 09	402. 76±204. 14
	3. 拒绝威胁	439. 11±238. 25	423. 22±206. 13
	4. 拒绝积极	434. 19±244. 98	437. 04±233. 75
	5. 积极解释偏差分数	−27. 42±175. 56	−22. 14±146. 53
	6. 威胁解释偏差分数	0. 33±146. 21	−62. 76±223. 72

续表

		高孤独—缓慢上升组 (n=35)	低孤独—稳定组 (n=35)
非社会情境	1. 认可威胁	438.55±198.18	471.36±284.82
	2. 认可积极	384.16±187.35	399.04±224.36
	3. 拒绝威胁	415.75±166.50	408.02±173.31
	4. 拒绝积极	404.79±200.40	429.73±275.11
	5. 积极解释偏差分数	−20.63±133.35	−30.69±162.32
	6. 威胁解释偏差分数	−22.81±119.01	−63.34±162.31

为考察不同情境下不同亚组的解释偏差是否存在显著差异，分别以积极解释偏差分数和消极解释偏差分数为因变量，情境类型（社会情境、非社会情境）为被试内变量，亚组类型（低孤独—稳定组、高孤独—缓慢上升组）为被试间变量，进行2×2的重复测量方差分析。

结果表明，以积极解释偏差分数和威胁解释偏差分数为因变量时，情境类型主效应均不显著［积极，$F(1, 70)=0.01$，$p>0.05$；威胁，$F(1, 70)=0.23$，$p>0.05$］；亚组类型主效应均不显著［积极，$F(1, 70)=0.01$，$p>0.05$；威胁，$F(1, 70)=2.86$，$p>0.05$］；情境类型与亚组类型的交互作用也均不显著［积极，$F(1, 70)=0.08$，$p>0.05$；威胁，$F(1, 70)=0.21$，$p>0.05$］。

为进一步考察不同情境类型下不同亚组是否存在不同的解释倾向，本研究以各解释偏向反应时为因变量，语句关联类型（认可、拒绝）、词语类型（威胁、积极）为组内变量，亚组类型为组间变量，进行2×2×2的重复测量方差分析。

结果表明，在非社会情境下，词语类型的主效应显著［$F(1, 70)=6.61$，$p<0.05$］，积极性词汇反应时显著高于威胁性词汇反应时；非社会情境语句关联类型与词语类型的交互作用显著［$F(1, 70)=9.05$，$p<0.01$］，简单效应分析表明，认可积极解释倾向显著低于认可消极解释倾向，拒绝积极与拒绝消极不存在显著差异。除此之外，无论是在社会情境下还是非社会情境下，组别、词语关联类型、词语类型的主效应及其两两间的交互作用、三者间的交互作用均不显著。

（2）以频次为指标的统计分析结果

表 3-12 不同亚组 WAPS 的描述性统计分析表（*M*±*SD*）

		高孤独—缓慢上升组（n=35）	低孤独—稳定组（n=35）
社会情境	1. 认可威胁	9. 86±3. 08	8. 56±3. 67
	2. 认可积极	10. 86±2. 88	11. 11±3. 06
	3. 拒绝威胁	7. 14±3. 08	8. 44±3. 67
	4. 拒绝积极	6. 14±2. 88	5. 89±3. 06
非社会情境	1. 认可威胁	14. 83±5. 40	12. 89±7. 21
	2. 认可积极	25. 44±5. 25	24. 94±5. 05
	3. 拒绝威胁	23. 17±5. 40	25. 11±7. 21
	4. 拒绝积极	12. 56±5. 25	13. 06±5. 05

为考察不同情境类型下不同亚组是否存在不同的解释倾向，本研究以各解释偏向的频次为因变量，语句关联类型（认可、拒绝）、词语类型（威胁、积极）为组内变量，亚组类型为组间变量，进行 2×2×2 的重复测量方差分析。

结果表明，在社会情境下，语句关联类型的主效应显著［F（1，70）= 24. 13，p<0. 001］，认可倾向频次得分高于拒绝倾向得分；语句关联类型与词语类型的交互作用显著［F（1，70）= 22. 41，p<0. 001］，简单效应分析表明，认可积极显著高于认可威胁，拒绝积极显著低于拒绝威胁；语句关联类型、词汇类型、组别三者的交互作用显著［F（1，70）= 4. 29，p<0. 05］，简单效应分析表明，低孤独—稳定组接受积极词汇的频次显著高于接受消极词汇，拒绝威胁词汇的频次水平显著高于拒绝积极词汇。其他主效应及交互项均不存在显著差异。非社会情境下，仅语句关联类型与词语类型的交互作用显著［F（1，70）= 190. 26，p<0. 001］，其他主效应及交互项均不存在显著差异；简单效应分析表明，认可积极显著高于认可威胁，拒绝积极显著低于拒绝威胁。

4 讨论

本研究结果表明，在社会情境下，语句关联类型的主效应显著，认可倾向频次得分高于拒绝倾向得分；语句关联类型与词语类型的交互作用显著，简单效应分析表明，认可积极显著高于认可威胁，拒绝积极显著低于拒绝威胁；语句关联类型、词汇类型、组别三者的交互作用显著，简单效应分析表明，低孤独—稳定组接受积极词汇的频次显著高于接受消极词汇，拒绝威胁词汇的频次水平显著高于拒绝积极词汇。本研究结果证明了研究假设，在社会情境下，低孤独个体更倾向于进行积极解释，拒绝威胁解释，所以低孤独个体在社会交往中更容易接受积极的信息，从而采取积极的行动；而高孤独个体不具备这样的特征。本研究假设高孤独个体更倾向于进行威胁解释，拒绝积极解释，但该部分研究结果不显著。这可能与本研究采用的是追踪数据后的孤独感亚组分组，高孤独个体的孤独感得分没有达到统计学意义上的高孤独，亚组的代表性不强，而且各组被试者人数不多有关。如果选择理论意义上的高孤独个体或者增加被试者人数再次进行研究，结果可能会不同。

5 小结

本研究得到以下结论：孤独感个体存在解释偏差，具体表现为在社会情境下，低孤独个体更倾向于进行积极解释，拒绝威胁解释。

第 4 章 大学生孤独感发展轨迹亚组个体的适应研究

长期体验到高孤独感会对个体的社会心理适应产生消极影响，但大学阶段的孤独感与人生其他阶段的孤独感不同，可能具有积极作用。本研究聚焦大学生孤独感发展轨迹亚组个体的适应状况，探讨孤独感的消极影响和积极意义。根据以往研究，孤独感的适应具体包括心理适应、学校适应和社会适应等内容，本研究中，心理适应采用抑郁、社会焦虑与生活满意度作为指标，学校适应采用学业成绩作为指标，社会适应采用自我同一性发展状态作为指标。孤独感个体存在认知偏差，本研究在实验研究和追踪研究的基础上，探索认知偏差对不同亚组个体适应状况的影响。

研究六—A 大学生孤独感发展轨迹亚组个体的适应状况

1 问题提出

1.1 孤独感发展对自我同一性的影响

研究表明，大学阶段是人生中孤独感体验非常强烈的时期，也是自我同一性形成的关键时期。根据 Erikson 和 Marcia 的理论观点，从探索和承诺两个维度，可以将个体的同一性区分为 4 种状态，分别是同一性获得、同一性延缓、同一性早闭、同一性扩散。在同一性获得状态下，个体已经完成了自我探索，获得了承诺；在同一性延缓状态下，个体尚未获得承诺，但在进行积极的探索；在同一性早闭状态下，个体虽然获得了承诺，但实际上并没有经过个体的探索，承诺来自父母或者社会；在同一性扩散状态下，个体既没有获得承诺，也没有进行探索。一般认为同一性获得是最好的状态，其次是同一性延缓，同一性扩散是最差的状态。这些状态之间是动态变化的，从同一性扩散到早闭或者延缓，最后达到获得状态。

个体在18岁之前无法建立前后一致的自我同一性，最能体现个体同一性状态发展差异的年龄区间是18~21岁，所以成年早期是个体探索、整合自我，发展出连贯一致的自我感，建立稳固同一感的关键期，这个阶段恰好与个体一生中的第一个孤独感高峰重合。关于孤独感和自我同一性之间的关系，尚处于理论探索阶段，缺少实证研究证据。如果孤独感和自我同一性之间有关系，处于同一性扩散状态的个体在孤独感方面的得分要高于处于同一性获得和延缓状态的个体，同一性获得状态的个体孤独感水平最低。

本研究试图通过纵向追踪方式，探索不同大学生孤独感发展轨迹亚组个体的自我同一性状态存在何种差异，以此验证大学阶段的孤独感是否具有积极作用。本研究假设体验过高孤独感的个体自我同一性获得状态会更好。

1.2 孤独感发展对学业表现的影响

学业表现是学校适应的重要指标，已有研究表明不同学业成绩的个体会有不同的孤独感水平。对小学生而言，成绩好的学生孤独感偏低，其次是中等学生，成绩差的学生孤独感偏高。跟踪研究表明，经历了长期孤独的青少年更有可能经历学业困难。对大学生而言，学业表现依然是非常重要的学校适应指标。

本研究通过比较大学生孤独感发展轨迹亚组个体毕业时的平均学分绩点分析不同亚组个体的社会适应。本研究假设孤独感状态会影响学业表现，长期体验高孤独感的个体平均学分绩点可能更低，学业受到影响。

1.3 孤独感发展对心理健康的影响

研究表明，孤独感是一个重要的健康危险因子。长期体验到孤独感，会严重威胁个体的心理健康。McIntyre等人发现，相比人口学变量、童年经历、经济条件、能力或性别歧视、社会资源以及学业压力等因素，孤独感对心理健康的影响最大。孤独感得分越高的学生，抑郁水平、焦虑水平越高，也更偏执。戴革等人发现孤独得分越高，抑郁的可能性就越大。孤独感和社会焦虑显著相关。

本研究通过纵向追踪方式，探索大学生孤独感发展轨迹亚组个体的心理健康存在何种差异。本研究选择抑郁、社会焦虑和生活满意度作为心理健康指标，假设长期经历高孤独感的个体抑郁和社会焦虑水平更高、生活满意度更低，心理健康水平受到影响。

2　研究方法

2.1　被试

被试者来自大学生孤独感发展轨迹研究。本研究中关于自我同一性和学业成绩研究的被试者相同。

2.2　工具

2.2.1　自我同一性量表

采用 Bennion 和 Adams 编制的自我同一性状态客观性测量问卷（第二版）（the Extend Objective Measure of Ego Identity Status-2，EOM-EIS-2）测量同一性状态。该问卷由王树青等人在 2013 年进行了修订，共包括 4 个分量表，分别是同一性获得分量表、同一性延缓分量表、同一性早闭分量表和同一性扩散分量表，每个分量表有 8 个题目，共 32 个题目，每个题目的答案从“非常不符合”到“非常符合”，均为 6 点计分。第四次测量中，同一性获得分量表的 Cronbach'α 系数为 0.73，同一性延缓分量表的 Cronbach'α 系数为 0.60，同一性早闭分量表的 Cronbach'α 系数为 0.80，同一性扩散分量表的 Cronbach'α 系数为 0.63。

2.2.2　流调中心用抑郁量表

采用 Radloff 编制的流调中心用抑郁量表测量抑郁水平。该量表是特别为评价当前抑郁症状的频度而设计的，着重于抑郁情感或心境，填表时要求受试者说明最近一周内症状出现的频度，每个频度的赋值为 0~3。该量表共 20 个题目，其中有 4 个题目为反向记分，对反向计分题目进行转换后计算总分，总分范围为 0~60，分数越高抑郁出现频度越高。已有研究表明，该量表在中国文化背景下具有良好的信效度。本研究中该量表的

Cronbach'α 系数为 0.92。

2.2.3 生活满意度量表

采用 Diener 等人在 1985 年编制的生活满意度量表测量生活满意度。该量表共 5 个题目，如“我的生活在大多数方面都接近于我的理想”，采用 7 点计分，分数越高说明个体的生活满意度越高，其中 31~35 分是“非常满意”、26~30 分是“满意”、21~25 分是“少许满意”、20 分是“中立”、15~19 分是“少许不满意”、10~14 分是“不满意”、5~9 分是“非常不满意”。该量表在中国文化背景下具有良好的信效度。本研究中该量表的 Cronbach'α 系数为 0.90。

2.2.4 社会焦虑量表

采用 Fergus 等人在 2012 年修订的社会交往焦虑量表测量社会焦虑。该量表共 6 个题目，采用 5 点计分，其中 1 代表“完全不符合”，5 代表“完全符合”。本研究中该量表的 Cronbach'α 系数为 0.84。

2.2.5 学业成绩

选择学生毕业时的学分绩点测量学业成绩。学分绩点是将学生修过的每一门课程（包括重修的课程）的课程绩点乘以该门课程的学分，累加后再除以总学分，可以作为学生学习能力与质量的综合评价指标之一。学分绩点通过学校教务系统导出。

2.3 实验程序

本研究对不同亚组个体进行了两次施测。第一次施测时间点与 T4 相同，收集自我同一性数据，共得到 699 名被试者的有效数据，各组人数分别是低孤独—快速上升组 61 人（占 8.73%）、低孤独—稳定组 247 人（占 35.33%）、高孤独—快速下降组 23 人（占 3.29%）、高孤独—缓慢上升组 368 人（占 52.65%）。第二次施测是在 T4 之后约 8 个月（2019 年 5 月），由于原大二被试者已经毕业，被试者流失量较大，最终得到 381 名被试者的抑郁、社会焦虑、生活满意度数据，各组人数分别是低孤独—快速上升组 26 人（占 6.82%）、低孤独—稳定组 121 人（占 31.76%）、高孤独—快速下降组 11 人（占 2.89%）、高孤独—缓慢上升组 223 人（占 58.53%）。

学业表现是从学校教务系统中下载原大一、大二学生的学分绩点，该分数由学生所有课程成绩组成，可以有效反映学生毕业时的学业表现情况。

2.4　分析思路

对不同亚组的自我同一性、学业成绩、抑郁、社会焦虑和生活满意度进行描述性统计分析和单变量方差分析。

3　结果分析

3.1　不同亚组自我同一性差异分析

不同亚组自我同一性状态均值及标准差如表 4-1 所示。

表 4-1　不同亚组自我同一性状态均值及标准差（$M \pm SD$）

亚组类型	自我同一性状态			
	同一性获得	同一性延缓	同一性早闭	同一性扩散
高孤独—缓慢上升组	3.65±0.69	3.72±0.63	3.25±0.79	3.63±0.67
低孤独—稳定组	3.98±0.73	3.80±0.65	2.81±0.81	3.41±0.70
低孤独—快速上升组	3.68±0.65	3.63±0.65	3.53±0.65	3.66±0.67
高孤独—快速下降组	4.39±0.83	3.92±0.84	3.28±1.01	3.57±0.76

为了考察亚组类型对自我同一性状态的影响，本研究分别以亚组类型为自变量，自我同一性状态（同一性获得、同一性延缓、同一性早闭、同一性扩散）为因变量，进行单因素方差分析。结果表明（见表 4-1），亚组类型在同一性获得上差异显著［$F(3, 695) = 16.08$，$p<0.001$］，LSD 事后检验结果表明，高孤独—快速下降组的同一性获得水平高于低孤独—稳定组，低孤独—稳定组的同一性获得水平高于低孤独—快速上升组和高孤独—缓慢上升组；亚组类型在同一性早闭上差异显著［$F(3, 695) = 21.13$，$p<0.001$］，LSD 事后检验结果表明，低孤独—快速上升组的同一性早闭水平高于高孤独—缓慢上升组，高孤独—缓慢上升组的同一性早闭

水平高于低孤独—稳定组；亚组类型在同一性扩散上差异显著［F（3，695）=5.56，$p<0.01$］，LSD 事后检验结果表明，低孤独—快速上升组、高孤独—缓慢上升组的同一性扩散水平高于低孤独—稳定组；亚组类型在同一性延缓上的差异不显著［F（3，695）=1.87，$p>0.05$］。

3.2 不同亚组平均学分绩点差异分析

不同亚组平均学分绩点均值及标准差如表 4-2 所示。

表 4-2 不同亚组平均学分绩点均值及标准差（$M \pm SD$）

亚组类型	人数	平均值	标准差
高孤独—缓慢上升组	328	3.12	0.46
低孤独—稳定组	245	3.22	0.45
低孤独—快速上升组	37	3.20	0.40
高孤独—快速下降组	12	3.05	0.42

以平均学分绩点为因变量，亚组类型为自变量，进行单变量方差分析。结果表明，平均学分绩点的亚组类型差异边缘显著［F（3，618）=2.45，$p=0.06$］，低孤独—稳定组的平均学分绩点显著高于高孤独—缓慢上升组。由于高孤独—快速下降组人数较少，为了进一步验证结果的可靠性，将平均学分绩点作为因变量，进行高孤独—缓慢上升组和低孤独—稳定组的独立样本 t 检验。结果表明，t 检验结果差异显著［t（571）=−2.50，$t<0.05$］，结果与单变量方差分析相同。

3.3 不同亚组抑郁、社会焦虑和生活满意度差异分析

不同亚组抑郁、社会焦虑和生活满意度均值及标准差如表 4-3 所示。

表 4-3　不同亚组抑郁、社会焦虑和生活满意度均值及标准差（*M*±*SD*）

亚组类型	抑郁	社会焦虑	生活满意度
高孤独—缓慢上升组	2. 14±0. 51	1. 87±0. 73	3. 33±0. 77
低孤独—稳定组	1. 63±0. 47	1. 42±0. 83	3. 48±0. 64
低孤独—快速上升组	1. 88±0. 60	1. 50±0. 81	3. 26±0. 75
高孤独—快速下降组	1. 93±0. 59	1. 76±0. 71	3. 28±0. 99

分别以抑郁、社会焦虑和生活满意度为因变量，亚组类型为自变量，进行单变量方差分析。结果表明，亚组类型在抑郁上的差异显著［$F(3, 377) = 26.54$，$p<0.001$］，高孤独—缓慢上升组的抑郁得分高于高孤独—快速下降组、低孤独—快速上升组，低孤独—快速上升组的抑郁得分高于低孤独—稳定组；亚组类型在社会焦虑上的差异显著［$F(3, 377) = 9.54$，$p<0.001$］，高孤独—缓慢上升组的社会焦虑水平显著高于低孤独—稳定组和低孤独—快速上升组；亚组类型在生活满意度上的差异不显著［$F(3, 377) = 1.13$，$p>0.05$］。

4　讨论

4.1　不同亚组的自我同一性差异

本研究结果表明，不同亚组的自我同一性状态存在差异，同一性获得、早闭、扩散的亚组类型差异均显著，这与已往研究结果一致。高孤独—快速下降组的同一性获得水平最高，其次是低孤独—稳定组；低孤独—快速上升组的同一性早闭和扩散水平最高，其次是高孤独—缓慢上升组，孤独感-稳定组的同一性早闭和扩散水平最低。为了获得同一性，个体要花更多的时间进行自我探索和身份整合，体会到生命是孤独的过程，所以这个时期孤独感体验很强。在个体获得自我同一性之后，对自己的身份，以及自己与他人和社会的关系有了清晰的界定，与社会的联系更加紧密，同时也有时间建立人际关系，此时孤独感体验会减轻。高孤独—快速下降组的同一性获得状态最好，可能是因为个体经过探索获得了同一性，之后较高的孤独感降低了，这也说明高孤独感可能是进行自我同一性探索的一个标志。大学生群体的孤独感突然从低变高，可能是因为大学生开始了新一轮的自我探索。对积极进行自我探索的青年而言，孤独可能是一种主动的选择，他们需要更多的时间与自己在一起进行身份整合。但孤独感是一种负面情绪情感，长期处于这样的状态会让个体感觉不舒服，为了减轻孤独感体验，个体会加快探索速度，尽快完成自我同一性探索，所以大学阶段的孤独感可能具有积极的意义。

4.2 不同亚组的学业表现差异

本研究结果表明，低孤独—稳定组的平均学分绩点显著高于高孤独—缓慢上升组，这与以往研究结果一致。孤独感会影响个体的学业表现，高孤独感个体更可能被社交孤立或出现社交退缩行为，导致自尊心降低，影响个体的自我价值感与学业表现。低孤独—稳定组的个体较少受到人际困扰和孤独感这种负面情绪的影响，可以更加专心于学业；而高孤独—缓慢上升组一直处于高孤独感的状态，抑郁和焦虑水平都比较高，个体在学习之余还要处理这些负面情绪，这些都会影响个体专注于学业的程度，最终导致个体的学业表现变差。

4.3 不同亚组的心理适应差异

本研究结果表明，抑郁的亚组类型差异显著，高孤独—缓慢上升组的抑郁得分高于高孤独—快速下降组、低孤独—快速上升组，低孤独—快速上升组的抑郁得分高于低孤独—稳定组，这与以往研究结果一致。孤独和抑郁曾被认为反映了相同的心理状态，但研究表明它们有不同的心理结构。虽然如此，孤独感和抑郁症状之间的关联似乎是稳定的，随着时间的推移，两者逐渐呈正相关关系。所以高孤独感—缓慢上升组抑郁程度最强，之后依次为高孤独—快速下降组、低孤独—快速上升组，低孤独—稳定组抑郁程度最轻。

本研究结果表明，社会焦虑的亚组类型差异显著，高孤独—缓慢上升组的社会焦虑水平显著高于低孤独—稳定组和低孤独—快速上升组，这与以往研究结果一致。孤独感和社会焦虑密切相关，早期的孤独感可以预测社会焦虑，早期的社会焦虑也可以预测孤独。虽然孤独感和社会焦虑有相似的部分，但二者是不同的结构。持续经历孤独感的个体，人际关系的质和量均可能受到破坏，个体的社会焦虑程度最高；低孤独—稳定组的个体，人际关系状况最好，社会焦虑程度最低。

本研究结果表明，生活满意度的亚组类型差异不显著。以往关于二者关系的直接研究较少，已有研究多针对老年人群体，结果表明，孤独感与生活满意度呈显著负相关，孤独感会影响老年人的生活满意度自评。在大学生群体中，孤独可能是一种自我的主动选择，也可能是这个阶段自我成长的必经过程，个体的孤独感体验虽然较高，但是对自我的生活满意度影响不大。

5　小结

本研究得到以下几个结论：

（1）高孤独—快速下降组的自我同一性获得状态最好，孤独感可能具有积极意义。

（2）孤独感可以预测学业表现，低孤独个体的学业表现优于高孤独个体。

（3）长期处于高孤独状态的个体更有可能感受到抑郁和社会焦虑。

研究六—B　大学生孤独感发展轨迹与适应的关系：认知偏差的中介作用

1　问题提出

根据孤独感的调节回路模型，较高水平的孤独感往往伴随着更高水平的不安全感，这种不安全感可能引发个体对社会威胁信息的隐性过度监控，从而诱使个体产生注意偏差、解释偏差和记忆偏差。研究表明，与不孤独的人相比，孤独者一般会表现出功能失调，如害怕人际排斥、不自信和社会焦虑等。他们常常认为现实世界是一个更具威胁性的地方，社会期望也更加消极，更容易记住负面社会信息。而这种消极的社会期望通常会导致他人的消极行为反馈，这些消极行为又会证实并加深孤独者消极的社会期望，导致孤独感体验不断增强，形成了一个闭环。根据这个理论，高孤独感个体存在认知偏差，而认知偏差会导致适应不良。本研究假设认知偏差在孤独感发展轨迹与适应的关系中起到中介作用。

本研究选择大学生孤独感发展轨迹研究中的低孤独—稳定组和高孤独—缓慢上升组作为被试者，这两组被试者的孤独感发展轨迹相对稳定，孤独感状态也更具有代表性。适应指标采用研究六—A 中的心理适应、学校适应的各项指标。因为研究四中注意偏差的行为实验研究结果不显著，所以在本研究中，选择研究五中的解释偏差作为认知偏差指标，采用积极解释偏差分数和消极解释偏差分数进行分析。

2 研究方法

2.1 被试

同研究五。被试者来自大学生孤独感发展轨迹研究。选择孤独感比较稳定而且比较典型的低孤独—稳定组和高孤独—缓慢上升组。采用随机抽样的方法选出 70 人，其中低孤独—稳定组 35 人（男生 17 人、女生 18 人）、高孤独—缓慢上升组 35 人（男生 18 人、女生 17 人）。被试者年龄在 19~23 岁之间，平均年龄 21 岁。

2.2 工具

2.2.1 认知偏差

同研究五。采用语句关联范式，测量被试者在社会/非社会的威胁/积极语句关联上的反应时和反应频数，计算出被试者的积极/威胁解释偏差分数。

2.2.2 流调中心抑郁量表

同研究六—A。

2.2.3 生活满意度量表

同研究六—A。

2.2.4 社会焦虑量表

同研究六—A。

2.2.5 学业成绩

同研究六—A。

2.3　实验程序

解释偏差的实验程序同研究五，其余各量表的实验程序同研究六—A。

2.4　分析思路

本研究主要考察大学生孤独感发展轨迹亚组与适应（心理适应、学校适应）的关系及认知偏差的中介作用机制。数据分析采用 Mplus 4.0 软件，分别以心理适应、学校适应为因变量，孤独感发展轨迹亚组（0=高孤独—缓慢上升组，1=低孤独—稳定组）为自变量，认知偏差（积极解释偏差、消极解释偏差）为中介变量，进行双中介模型检验。此外，除控制性别的影响外，其他所有变量均做标准化处理。

3　结果分析

3.1　亚组类型及各变量相关分析

亚组类型及各变量相关分析如表 4-4 所示。

表 4-4　不同亚组及各变量相关分析表

变量	1	2	3	4	5	6	7	8
性别	1.00							
孤独感发展轨迹亚组	0.01	1.00						
积极解释偏差	−0.09	−0.01	1.00					
消极解释偏差	0.03	−0.20	−0.23*	1.00				
抑郁	0.02	−0.48***	−0.11	0.07	1.00			
焦虑	−0.09	−0.08	−0.05	0.09	0.31**	1.00		
生活满意度	0.12	0.15	−0.17	0.05	−0.16	−0.14	1.00	
学业绩点	0.31**	0.20	−0.10	−0.21	0.05	−0.05	−0.15	1.00

结果表明，性别与学业绩点呈显著正相关，亚组类型与抑郁呈显著负相关，积极解释偏差与消极解释偏差呈显著负相关，抑郁与焦虑呈显著正相关。

3.2 不同亚组与心理适应的关系：认知偏差的中介效应检验

不同亚组经由认知偏差（积极解释偏差、消极解释偏差）影响心理适应（抑郁、焦虑、生活满意度）的双中介效应模型拟合良好（$\chi^2/df=2.99$，CFI=0.928，SRMR=0.040），检验结果如表4-5所示。

表4-5 不同亚组心理适应的双中介效应模型检验

结果变量	预测变量	回归系数		95%置信区间
		β	t	
积极解释偏差	性别	−0.09	−0.81	[−0.31，0.13]
	孤独感发展轨迹亚组	−0.01	−0.10	[−0.24，0.22]
消极解释偏差	性别	0.03	0.25	[−0.20，0.25]
	孤独感发展轨迹亚组	−0.20	−2.03*	[−0.39，−0.01]
抑郁	性别	0.01	0.07	[−0.20，0.21]
	孤独感发展轨迹亚组	−0.49	−5.23***	[−0.68，−0.31]
	积极解释偏差	−0.13	−1.36	[−0.32，0.06]
	消极解释偏差	−0.05	−0.53	[−0.26，0.15]
焦虑	性别	−0.10	−0.84	[−0.32，0.13]
	孤独感发展轨迹亚组	−0.07	−0.55	[−0.30，0.17]
	积极解释偏差	−0.05	−0.44	[−0.25，0.15]
	消极解释偏差	0.06	0.76	[−0.10，0.23]
生活满意度	性别	0.10	0.88	[−0.13，0.34]
	孤独感发展轨迹亚组	0.16	1.38	[−0.07，0.38]
	积极解释偏差	−0.15	−1.46	[−0.34，0.05]
	消极解释偏差	0.04	0.76	[−0.12，0.20]

结果表明，孤独感发展轨迹亚组显著负向预测消极解释偏差（$\beta=-0.20, p<0.05$）和抑郁（$\beta=-0.49$，$p<0.001$），孤独感发展轨迹亚组经由认知偏差影响心理适应的中介模型均不显著。

3.3　不同亚组与学业绩点的关系：认知偏差的中介效应检验

不同亚组经由认知偏差（积极解释偏差、消极解释偏差）影响学业绩点的双中介效应模型拟合良好（χ^2/df = 2.99，CFI = 0.864，SRMR = 0.053），检验结果如表 4-6 所示。

表 4-6　不同孤独感发展轨迹亚组学业绩点的双中介效应模型检验

结果变量	预测变量	回归系数		95%置信区间
		β	t	
积极解释偏差	性别	−0.09	−0.81	[−0.31，0.13]
	孤独感发展轨迹亚组	−0.01	−0.10	[−0.24，0.22]
消极解释偏差	性别	0.03	0.25	[−0.20，0.25]
	孤独感发展轨迹亚组	−0.20	−2.03*	[−0.39，−0.01]
学业绩点	性别	0.30	3.15**	[0.11，0.49]
	孤独感发展轨迹亚组	0.15	1.50	[−0.05，0.35]
	积极解释偏差	−0.12	−1.26	[−0.31，0.07]
	消极解释偏差	−0.21	−1.70	[−0.46，0.03]

结果表明，孤独感发展轨迹亚组显著负向预测消极解释偏差（β = −0.20，p<0.05），性别显著正向预测学业绩点（β = 0.30，p<0.01），孤独感发展轨迹亚组经由认知偏差影响学业绩点的中介模型不显著。

4　讨论

本研究结果表明，性别与学业绩点呈显著正相关，女生的学业绩点高于男生，这可能与被试者来自文科院校，女生相比男生更为勤奋和努力有关。

本研究结果表明，孤独感发展轨迹亚组与抑郁呈显著负相关，高孤独—缓慢上升组比低孤独—稳定组的抑郁得分更高，这与以往研究结果一致。长期处于高孤独感的状态会对个体的情绪状态产生影响，孤独感与抑郁之间具有密切的关系。

孤独感发展轨迹与心理适应的关系：认知偏差的中介效应模型拟合良

好，但是结果差异不显著，说明中介效应不成立。

孤独感发展轨迹与学业绩点的关系：认知偏差的中介效应模型拟合良好，但是结果差异不显著，说明中介效应不成立。

5 小结

本研究得到以下结论：大学生孤独感发展轨迹亚组可以显著负向预测消极解释偏差和抑郁，大学生孤独感发展轨迹与适应的关系是认知偏差的中介作用不成立。

第 5 章
总结与展望

1 总讨论

孤独感是由于个体的社会关系网络在数量上的不足和质量上的低下导致的一种负性的主观情绪体验，是一种常见的不愉快的体验。长期体验到孤独感，会严重威胁个体的身体健康和心理健康。对人群中多达15%~30%的人而言，孤独是一种长期状态，如果置之不理，会对认知、情绪、行为和健康造成严重损伤。大学阶段是个体孤独感体验非常强烈的时期。本书聚焦大学生群体，主要开展以下4个方面的实证研究：第一，探索大学生孤独感现状和相关因素；第二，通过4次纵向研究探索大学生孤独感发展轨迹，根据孤独感的界定和相关因素发挥预测作用的大小，探索独处态度和人际关系能力、朋友关系质量对大学生孤独感发展轨迹的影响；第三，探究大学生孤独感发展轨迹亚组个体的认知差异，通过行为实验和脑电研究探索不同亚组的注意偏差和解释偏差；第四，探究大学生孤独感发展轨迹亚组与适应的关系，从孤独感对心理适应和学校适应的影响考察孤独感的消极作用，从孤独感对自我同一性的影响探索孤独感是否具有积极作用。以下就从这4个方面进行总结与展望。

1.1 大学生孤独感现状和相关因素

本研究通过大样本调查发现大学生群体的孤独感体验偏高。这与大学生的人生任务是相关的，这个阶段的人生任务是建立自我同一性和亲密关系。在人生的第二个十年里，青少年实际上花更多的时间在自己身上，他们对独处表现出更积极的态度。这是因为个体要进行身份识别工作，要重新建构与自己、与他人、与世界的关系。但这与该年龄阶段迫切需要同伴交往的需求是矛盾的，所以会导致孤独感体验非常强烈。当个体完成这个探索阶段，人际关系网达到新的平衡，形成新的人际自我概念，孤独感就会降低。但是，自我同一性获得之后，在下一个人生阶段，个体面临的新任务就是建立亲密关系，当建立亲密关系的任务没有完成时，个体依然会体验到较强的孤独感，只有到本阶段的任务完成时，孤独感体验才会减轻。

大学生孤独感的性别差异显著，男生的孤独感显著高于女生，这可能与男生更不擅长表达、在人际关系上的投入少于女生有关。研究发现，男性更注重自我探索，女性更注重人际关系投入；在人际交往中，男性的情感表达能力弱于女性，寻找、培养和保持人际关系网的能力也弱于女性，女性在关系建立方面比男性有优势，更擅长处理人际问题，也更能理解细微的人际线索；同时，男性更喜欢与更大的群体建立关系，女性更重视二元关系，所以女性更容易建立良好的人际关系，降低自己的孤独感。这给我们的启示是，为了大学生的健康成长，要高度关注大学生群体的孤独感，关注的重点人群是男生。

对大学生孤独感的相关因素分析发现，有10个变量对大学生孤独感有显著的预测作用，其中，独处态度、人际关系能力和朋友关系质量对大学生孤独感的影响最大。一般认为，孤独感的来源有两个：一个是人性，是人都会体验到孤独感；一个是人际交往，个体期待的社会关系缺失和未被满足的社交需要是产生孤独感的核心要素。本研究聚焦人际孤独感，研究结果也发现对大学生孤独感有较大影响的因素均与人际关系相关。

1.2　大学生孤独感发展轨迹和影响因素

4次纵向研究的结果表明，随着时间推移，大学生的孤独感呈线性增长趋势。根据大学生孤独感的发展轨迹，可以将研究对象分为4个亚组，分别是高孤独—缓慢上升组（占55.42%）、低孤独—稳定组（占34.10%）、低孤独—快速上升组（占7.71%）和高孤独感—快速下降组（占2.77%）。本研究结果与以往针对青少年的追踪研究结果不同，这可能与研究对象不同有关，目前尚未看到专门针对成年早期的孤独感跟踪研究。而且以往研究大多是在西方文化背景下进行的，放在东方文化背景下结论可能并不适用。有研究表明，中国大学生的孤独感水平高于美国大学生。这可能是因为东西方文化存在差异，中国传统文化更加强调群体利益的重要性，强调群体和谐，过于强调自我和追求个人目标可能会导致人际疏离，从而引发孤独感。而且在强调人际依赖的文化情境中，个体孤独感的阈限可能会更低，其原因在于，在这种情境下，个体对社会关系的期待更高，对社会交往过程中出现的问题也更敏感，从而更容易感受到孤独感。根据 Erikson 的人格发展阶段理论，大学阶段的主要人生任务是建立亲密关系。有研究表明，个体在 18 岁之前无法建立前后一致的自我同一性，最能体现个体同一性状态发展差异的年龄区间是 18~21 岁，这个年龄段恰好是大学阶段。从建立自我同一性的需要而言，个体需要自我整合与思考，这会促使个体主动选择与自己的生命对话，确定自己是谁，以及与自己、与他人、与世界的关系，这会导致个体的孤独体验增强；同时，因为这个阶段的主要任务是建立亲密关系，尚未建立亲密关系的个体也更容易体验到更强烈的孤独感。

本研究发现大学生孤独感发展轨迹有着显著的性别差异，低孤独—稳定组中的男生人数显著少于女生，而其他三组中的男生人数都显著多于女生。这可能与女性在关系建立方面更有优势，对人际关系中更为敏感，更擅长处理人际问题，也更能理解细微的人际线索有关，同时女性在同伴交往上花费的时间更长，与同伴的关系更为紧密，对同伴的依恋程度也更高。这对大学生的健康教育和孤独感干预具有重要的启示作用，加强对男生的人际交往意识和能力的训练是可以努力的方向。

本研究着重探究独处态度、人际关系能力和朋友关系质量对大学生孤独感发展轨迹的影响。结果发现，随着时间推移，亲近独处态度呈线性递减趋势，而厌恶独处态度呈稳定状态。这可能体现了大学阶段的特殊性，因为探索自我同一性的需要，大学生需要深度的思考从而进行自我整合，所以对孤独持有积极态度，但是在完成这一人生阶段的任务之后，亲近独处的态度会有所改变，会更加主动地投身于人际关系建设。亲近独处态度和孤独感可以互相预测，孤独感的初始水平越高，亲近独处的递减速率越弱；而亲近独处的初始水平越高，孤独感的递增速率越弱。厌恶独处态度对孤独感的增强有促进作用，个体越是厌恶独处，越有可能体验到孤独感。所以，对孤独的态度要适度，过强的亲近独处和厌恶独处态度都不利于降低孤独感。研究结果表明，人际关系能力表现出一定的稳定性，人际关系能力可以抑制孤独感的增强，是降低孤独感的重要保护性因子。人际关系能力会直接影响人际关系的数量与质量，人际关系能力差的个体可能孤独感体验较高，而人际关系能力强的个体可能孤独感体验较低。朋友关系质量可以抑制孤独感的增强，朋友关系质量也是降低孤独感的重要保护性因子。

研究大学生孤独感发展轨迹的影响因素，对大学生孤独感干预研究具有重要的借鉴意义，可以通过提升人际交往能力、提高人际关系质量，同时引导大学生理性看待独处和共处，对大学生孤独感进行干预。

1.3 大学生孤独感的认知机制

本研究通过行为实验和脑电实验，探索大学生孤独感发展轨迹亚组是否存在注意偏差和解释偏差，分析不同亚组是否存在认知机制差异。结果表明，孤独感个体存在注意偏差，具体体现是 SOA = 500 毫秒时，高孤独感个体存在对消极刺激的解除困难；差异出现在体现选择性注意的 P300 上。高孤独—缓慢上升组存在对消极信息的选择性注意和注意解除困难，这也可能是导致孤独感体验较强的原因。本研究结果与以往研究结果一致，孤独感个体存在对社会威胁信息的注意偏差，注意偏差的具体成分是注意解除困难，随着刺激呈现时间的增长，注意解除困难消除。SOA = 1250 毫秒时，高孤独—缓慢上升组表现出对所有刺激信息的注意，认知活跃度高于低孤独—稳定组。这可能与高孤独—缓慢上升组面临情绪刺激，有更大压力，所以导致更多认知加工过程有关。

低孤独—稳定组存在对面孔信息的注意警觉，但与面孔性质无关，这也体现了低孤独感个体具有较好的人际交往能力与意识，这可能就是他们孤独感体验较低的原因。高孤独—缓慢上升组对情绪信息更为敏感，存在对情绪信息的注意警觉，但与积极情绪还是消极情绪无关，这可能体现了个体处于高孤独感这种强烈的负性情绪体验之中时，相对紧张，存在比较大的人际交往压力，积极和消极情绪都会引发他们的警觉与关注。

解释偏差研究结果表明，大学生孤独感个体存在解释偏差，具体表现是在社会情境中，低孤独个体更倾向于进行积极解释，拒绝威胁解释。低孤独个体在社会情境中的积极解释倾向和拒绝威胁解释倾向，使得他们在社会情境中表现出更多主动、积极、友善的行为，从而获得更多良好的反馈，获得更好的人际关系，孤独感降低，形成一个良性循环，与孤独的调节回路模型相反。本研究结果部分验证了研究假设，没有发现孤独感个体存在威胁解释偏差，这可能与本研究被试者来自大学生孤独感发展轨迹追踪研究，而且被试者的孤独感水平没有达到统计学意义上的高孤独有关。

1.4　大学生孤独感发展轨迹亚组的适应

本研究探索了大学生孤独感发展轨迹亚组的自我同一性发展变化、心理适应（抑郁、焦虑、生活满意度）和学业表现，以及认知偏差对孤独感发展轨迹与适应的中介作用，主要目的在于探索孤独感是否具有积极意义、孤独感消极作用的具体体现，以及孤独感与适应之间的关系是否会受到认知偏差的影响。

结果表明，不同亚组的自我同一性状态存在差异。为了获得同一性，个体要花更多的时间进行自我探索和身份整合，体会到生命是孤独的过程，这个时期的孤独感体验很强。达到自我同一性获得状态之后，个体对自己的身份，以及自己与他人和社会的关系有了清晰的界定，与社会的联系更加紧密，同时也有时间建立人际关系，这时孤独感体验减轻。不同亚组中，自我同一性状态出现剧烈变化的是高孤独—快速下降组和低孤独—快速上升组，高孤独—快速下降组的同一性获得水平最高，可能是因为个体经过探索达到同一性获得状态后，较高的孤独感降低了，同时也说明高孤独感可能是进行自我同一性探索的一个标志；低孤独—快速上升组的同一性早闭水平和同一性扩散水平最高。一般认为同一性获得是最好的状态，其次是同一性延缓，同一性扩散是最差的状态，这些状态之间是动态变化的。大学生群体的孤独感突然从低变高，可能是大学生开始了新一轮的自我探索。对积极进行自我探索的青年而言，孤独可能是一种主动的选择，他们需要更多的时间与自己在一起进行身份整合，而孤独感是一种负面情绪情感，长期处于这样的状态会让个体感觉不舒服，所以为了减少孤独体验，个体会加快探索速度，尽快完成自我同一性探索。所以，在大学阶段，孤独感具有积极意义。

对不同亚组的心理适应研究发现，不同亚组的抑郁得分存在显著差异。长期以来，孤独感被认为与抑郁症状密切相关，孤独感和抑郁之间具有双向的关系。孤独是一种消极的情绪体验，长期体验到高孤独感的个体可能会变得抑郁，抑郁会降低个体的活力，影响个体的人际交往，从而引发更强的孤独感。不同亚组的社会焦虑存在显著差异，高孤独—缓慢上升组的社会焦虑水平显著高于低孤独—稳定组和低孤独—快速上升组，这与以往研究结果一致。孤独感和社会焦虑密切相关，处于孤独状态的个体的人际关系的质与量都不能让自己满意，他们希望建立良好的人际关系改变这种状态，但是不良人际交往体验和对自身人际交往能力的怀疑，会导致他们产生更强的社会焦虑。研究结果表明，长期处于孤独状态确实会对个体造成伤害，他们会体验到更为强烈的抑郁和社会焦虑情绪。

对不同亚组的学业表现研究发现，低孤独—稳定组的平均学分绩点显著高于高孤独—缓慢上升组，这与以往研究结果一致。孤独感会影响个体的学业表现，高孤独感个体更可能被社交孤立，表现出社会退缩行为，自尊心受伤，影响个体的自我价值感与学业表现，高孤独感个体更有可能经历学业困难，所以长期处于孤独状态会影响大学生的学业表现。大学生孤独感对个体的消极影响不仅体现在心理适应上，也体现在对大学生而言最重要的学业表现上。

对不同亚组与适应的关系，即认知偏差的中介作用研究发现，孤独感发展轨迹亚组可以显著负向预测消极解释偏差和抑郁。孤独感发展轨迹亚组可以显著负向预测消极解释偏差，这支持了研究五中孤独感个体存在解释偏差的假设，并在研究五得出低孤独感个体存在积极解释偏差的基础上，丰富了解释偏差的研究结果，说明高孤独个体存在消极解释偏差。孤独感发展轨迹亚组可以显著负向预测抑郁，这与研究六—A 的研究结果一致。孤独感发展轨迹与适应的关系是，认知偏差的中介模型拟合良好，但是结果差异不显著，所以中介作用不成立。

2 总结论

本书基于以往研究中的不足，聚焦大学生群体，采用追踪研究和实验研究，探索大学生孤独感发展轨迹及其影响因素、不同发展轨迹个体的认知机制以及不同发展轨迹个体的社会适应情况。结论如下：

1. 大学生的孤独感水平偏高，预测孤独感的主要因素是独处态度、人际关系能力和朋友关系质量。

2. 大学生的孤独感呈现线性增长趋势，男生的孤独感体验强于女生。

大学生孤独感的发展轨迹可以分为 4 个亚组，按照人数占比从高到低依次是高孤独—缓慢上升组、低孤独—稳定组、低孤独—快速上升组、高孤独—快速下降组。对大学生孤独感发展轨迹的影响因素分析发现，过强的亲近独处和厌恶独处态度都不利于减轻孤独感，人际关系能力和朋友关系质量有利于减轻孤独感。

3. 大学生孤独感个体存在认知偏差，具体包括注意偏差和解释偏差。其中，注意偏差的具体表现是，SOA = 500 毫秒时，高孤独感个体存在对消极刺激的注意解除困难；解释偏差的具体表现是，在社会情境中，低孤独感个体更倾向于进行积极解释，拒绝威胁解释。

4. 大学生孤独感与自我同一性关系密切，孤独感可能有利于个体自我同一性的探索，具有积极意义。但是长期处于高孤独的状态，确实会影响个体的心理适应和学业表现。

3 主要贡献

本书中的研究存在以下 3 个方面的贡献。

首先，通过 4 次追踪研究，呈现了大学生孤独感的发展轨迹。在以往的国内外研究中，专门针对大学阶段的孤独感发展轨迹研究较少。在横向研究中，我们分析了大学生孤独感的相关因素，明确了对孤独感有重大预测作用的因素；在纵向研究中，我们探索了这些重要预测因素对大学生孤独感发展轨迹的影响，明确了独处态度的影响以及人际关系能力和质量的保护性作用，这为今后的大学生孤独感干预工作提供了理论支持。

其次，通过实验研究，探索了大学生孤独感发展轨迹亚组个体的认知机制。孤独感个体存在注意偏差，具体表现是 SOA = 500 毫秒时，高孤独感个体存在对消极刺激的解除困难；孤独感个体存在解释偏差，具体表现是在社会情境中，低孤独感个体更倾向于进行积极解释，拒绝威胁解释。

最后，从积极和消极两个方面，探索了大学生孤独感对个体的影响。以往研究相对忽略对孤独感积极意义的探索，均将孤独感看作对个体身心发展有伤害的负面体验，本研究发现大学阶段的孤独感是可以促进个体自我同一性的形成的，这个阶段的孤独感是有积极意义的，但是长期处于孤独状态确实会影响个体的心理适应和学业表现。

4 研究的不足与展望

尽管本书中的研究取得了一定的成果，但受到主客观条件的限制，研究中仍存在一些不足。在未来的研究中，有必要针对以下不足进行深入研究，以丰富大学生孤独感的研究广度和深度。

第一，本书中的研究持续时间为两年，追踪研究时间尚短。理想状态是通过对一个年级学生大学四年的追踪来探索大学生孤独感的发展轨迹。

第二，本书中的研究将大学生孤独感发展轨迹分为 4 个亚组，但是高孤独—快速下降组的样本量太少，这也影响了后续的实验研究部分，各亚组人数更为均衡可能更有利于研究结果的呈现。

第三，实验设计仍需加强，本书中的研究通过点探测范式探索注意偏差，但在脑电研究中，空间线索任务应该更有利于对注意偏差的研究。

第四，孤独感是个体的主观情绪体验，在定量研究的基础上采用质性研究会更有利于全方位呈现对其行为和意义的建构。

5 研究的教育启示

“00 后”大学生具有高孤独感、高竞争感、高话语权、高自尊、高情感负担的特点，长期处于孤独状态会对个体的身心造成巨大伤害，不过大学阶段的孤独感可能具有积极意义。本书中研究的教育启示体现在以下 3 个方面。

5.1 有利于客观看待大学阶段的孤独感

自 20 世纪 70 年代研究者开始开展对孤独感的研究以来，孤独感一直被定义为一种负性的主观情绪体验，研究者围绕孤独感给个体带来的危害开展了丰富的研究，社会各界和研究者普遍将孤独感看作社会心理不适应的指标，对孤独感持否定和不接纳的态度，认为个体需要对自身所处的孤独状态进行调整。本书中研究的结果肯定了孤独感的积极作用，可以帮助教育者和大学生客观理性看待大学阶段的孤独感，减轻大学生因为对孤独感的不接纳而导致的压力与焦虑，改善大学生的心理健康状况。

5.2 有利于优化高校心理健康教育工作方案

高校承担着促进大学生健康成长的任务，大学生长期处于孤独状态确实不利于其社会心理适应，为了促进大学生的健康成长，高校有必要引导大学生对孤独感形成客观的认识，帮助其了解大学阶段孤独感体验存在的必要性和积极意义，同时有针对性地开展预防和应对工作。本书中的研究发现孤独感在大学生群体中普遍存在，大学阶段孤独感呈现上升趋势，但长期处于这样的状态对个体的健康成长是不利的。在高校的心理健康教育工作方案中，可以针对大学生的这一特点，有意识地设计相关内容，让大学生对自己的身心特征有一个清楚的了解，同时引导其分析自身孤独感产生的原因，接纳孤独感，进而积极进行调整，降低大学生的孤独感水平，提升人际关系的质与量，防止危机事件的发生。

5.3　有利于明晰大学生孤独感的矫正路径

目前针对大学生孤独感的干预策略一般分为 4 个方面的内容，分别是提高社会技能、加强社会支持、增加社会接触的机会，以及解决不适应的社会认知。对干预研究的元分析发现，认知调整和行为训练是更有效的方法，这也与本书中研究的结论一致。结合本书中的研究发现，今后针对大学生孤独感的干预策略可以从以下两个方面进行设计。

第一，从认知调整的角度，调节独处态度的强度，进行注意偏差和解释偏差训练。根据独处态度对孤独感发展轨迹的影响，过强的亲近独处和厌恶独处态度都不利于孤独感的降低，所以在认知调整的训练中，要对独处态度进行专门的调研与设计。让个体意识到亲近独处态度和厌恶独处态度的好处与弊端，评估个人的独处态度及其对个体人际交往行为和孤独感体验的影响，将独处态度调节至合适的范围内。根据实验研究结果，孤独感个体存在注意偏差和解释偏差，可以针对个体的注意偏差和解释偏差进行训练和调整，帮助个体减轻孤独感。

第二，从行为训练的角度，提升人际关系能力，改善人际关系质量。根据人际关系能力和朋友关系质量对孤独感发展轨迹的影响，可以通过课程教育或者团体训练等方式提升大学生的人际交往能力，进而改善大学生的朋友关系质量，减轻大学生的孤独感。

参考文献

［1］常若松，王瑜，熊亚刚. 大学生孤独感状况及其应对方式特点的调查分析［J］. 辽宁师范大学学报（社会科学版），2007，30（5）：3. DOI：10. 3969/j. issn. 1000-1751. 2007. 05. 017.

［2］陈权，刘伟. 大学生网络依赖、专业匹配性及学业成绩实证研究［J］. 现代教育管理，2009（5）：3. DOI：10. 3969/j. issn. 1674-5485. 2009. 05. 018.

［3］陈祉妍，杨小冬，李新影. 流调中心抑郁量表在我国青少年中的试用［J］. 中国临床心理学杂志，2009（4）：4. DOI：10. 3969/j. issn. 1000-6729. 2010. 02. 015.

［4］程新峰，刘一笑，葛廷帅. 社会隔离、孤独感对老年精神健康的影响及作用机制研究［J］. 人口与发展，2020，26（1）：10.

［5］答会明，李利琴，李晓红. 十年来我国大学生孤独感研究综述［J］. 内蒙古师范大学学报（教育科学版），2009，22（1）：6. DOI：10. 3969/j. issn. 1671-0916. 2009. 01. 025.

［6］戴革，郭薇，王志刚，等. 大学生孤独感对抑郁的影响［J］. 中国健康心理学杂志，2017，025（002）：297-299. DOI：10. 13342/j. cnki. cjhp. 2017. 02. 036.

［7］代凯，蔺姝玮. 大学生孤独感在学习投入和情绪智力之间的中介作用［J］. 黑龙江生态工程职业学院学报，2017，30（6）：3. DOI：CNKI：SUN：HSGX. 0. 2017-06-050.

［8］邓丽芳，王瑞，郑日昌. 大学生孤独感、应对策略与气质类型的关系［J］. 心理与行为研究，2007，5（2）：7.

［9］丁雪辰，施霄霞，刘俊升. 学业成绩与内化行为问题的预测关

系：一年的追踪研究［J］. 中国临床心理学杂志，2012，20（5）：5. DOI：CNKI：SUN：ZLCY. 0. 2012-05-033.

［10］窦芬，王曼，王明辉. 大学生同伴依恋与抑郁：自我认同感和宿舍人际关系的中介作用［J］. 中国临床心理学杂志，2018，26（4）：772-775.

［11］范晓玲，李光，张斌. 初中农民工子女学习成绩与主观幸福感和孤独感的关系［J］. 中国临床心理学杂志，2011，19（2）：3. DOI：CNKI：SUN：ZLCY. 0. 2011-02-033.

［12］方小平. 大学生解释偏向、孤独感对手机成瘾的影响［J］. 江西社会科学，2018，38（9）：8. DOI：CNKI：SUN：JXSH. 0. 2018-09-033.

［13］冯文珍，刘亚平，罗增让. 小学高年级学生学业拖延，孤独感与学业自我效能感的关系［J］. 职业与健康，2020，36（12）：4.

［14］高斌，朱穗京，吴晶玲. 大学生手机成瘾与学习投入的关系：自我控制的中介作用和核心自我评价的调节作用［J］. 心理发展与教育，2021（3）：7. DOI：10. 16187/j. cnki. issn1001-4918. 2021. 03. 11.

［15］郭庆科，蔡明航，王菲，等. 题目措辞方向对孤独感测量的影响［J］. 中国临床心理学杂志，2017，25（1）：5. DOI：10. 16128/j. cnki. 1005-3611. 2017. 01. 026.

［16］李金德. 中国版10项目大五人格量表（TIPI-C）的信效度检验［J］. 中国健康心理学杂志，2013，21（11）：5. DOI：CNKI：SUN：JKXL. 0. 2013-11-039.

［17］李静，闫国伟，张静平. 医学生手机依赖与孤独感的关系：应对方式的中介作用［J］. 中国健康心理学杂志，2016，24（12）：4. DOI：10. 13342/j. cnki. cjhp. 2016. 12. 016.

［18］李俊良，王建中. 当代大学生自我同一性扩散现象辨析［J］. 思想教育研究，2009（S1）：4.

［19］李瑶. 关于高孤独感个体一般心理特征的综述［C］//心理学与创新能力提升——第十六届全国心理学学术会议论文集. 2013.

［20］骆光林，阮俊华，楼成礼. 大学生孤独心理的调查与分析［J］. 浙江大学学报（理学版），1999（03）：112-115. DOI：10. 3321/j. issn：1008-9497. 1999. 03. 022.

［21］黄希庭．大学生心理健康教育［M］．上海：上海华东师范大学出版社，2004：87-88．

［22］蒋艳菊，李艺敏，李新旺．大学生孤独感结构特点的初步研究［J］．心理科学，2005，28（3）：5．DOI：10．3969/j．issn．1671-6981．2005．03．050．

［23］蒋艳菊，李艺敏，李新旺．当代西方孤独感研究进展［J］．河南大学学报（社会科学版），2006，46（5）：6．DOI：10．3969/j．issn．1000-5242．2006．05．036．

［24］孔箴，曹枫林，崔乃雪，等．关系质量问卷中文自评版用于儿童师生关系研究的信效度［J］．中国儿童保健杂志，2012，20（3）：4．DOI：CNKI：SUN：ERTO．0．2012-03-013．

［25］李彩娜，邹泓，张春妹．亲子间家庭功能知觉相似性的特点及其与青少年自尊的关系［J］．心理科学，2006，29（6）：4．DOI：10．3969/j．issn．1671-6981．2006．06．053．

［26］李海江，贾磊，罗俊龙，等．低自尊个体注意偏向的 ERP 研究［J］．心理发展与教育，2013，29（1）：8．DOI：CNKI：SUN：XLFZ．0．2013-01-002．

［27］刘红，王洪礼．209 名小学儿童的孤独感与友谊质量、同伴接纳的关系［J］．中国心理卫生杂志，23（01）：44-47［2023-06-22］．DOI：10．3969/j．issn．1000-6729．2009．01．012．

［28］刘俊升，周颖，李丹．童年中晚期孤独感的发展轨迹：一项潜变量增长模型分析［J］．心理学报，2013，45（2）：179-192．DOI：10．3724/SP．J．1041．2013．00179．

［29］刘小珍，李奕慧，廖慧云，等．医学生友谊质量对孤独感的影响：自我意识的中介作用［J］．中国健康心理学杂志，2018，026（003）：413-416．DOI：10．13342/j．cnki．cjhp．2018．03．027．

［30］马郑豫，苏志强．小学生孤独感纵向发展特征的追踪研究［J］．中国学校卫生，2020，41（10）：3．DOI：10．16835/j．cnki．1000-9817．2020．10．024．

［31］蒋楠楠，谢晖，钱荣，等．城市老年人孤独感的研究进展［J］．中国老年学杂志，2019，39（4）：3．DOI：10．3969/j．issn．1005-9202．

2019. 04. 076.

[32] 曲可佳，邹泓，余益兵. 青少年孤独感与人格五因素的关系：人际关系能力的中介作用 [J]. 心理学探新，2010 (6)：6. DOI：10. 3969/j. issn. 1003-5184. 2010. 06. 015.

[33] 任丽杰，韩宪国，刘俊升，等. UCLA-3 孤独量表的因子结构及追踪测量等值性检验 [J]. 心理研究，2019，12 (5)：7.

[34] 任丽杰，莫碧波，李丹，等. 大学生人际关系能力与孤独感的交叉滞后分析 [J]. 中国临床心理学杂志，2020，28 (4)：850-852.

[35] 石晶，司翠平，刘茜，等. 事件相关电位 P300 在脑认知功能评估中的研究进展 [J]. 中华脑科疾病与康复杂志 (电子版)，2015 (4)：269-272. DOI：10. 3877/cma. j. issn. 2095-123X. 2015. 04. 014.

[36] 孙晓军，周宗奎，范翠英，等. 童年中期不同水平的同伴交往变量与孤独感的关系 [J]. 心理科学，2009 (3)：4. DOI：CNKI：SUN：XLKX. 0. 2009-03-014.

[37] 陶婷婷. 犯罪青少年社会支持、应对方式与反社会行为的关系 [J]. 社会心理科学，2014 (2)：6.

[38] 田录梅，陈光辉，王姝琼，等. 父母支持、友谊支持对早中期青少年孤独感和抑郁的影响 [J]. 心理学报，2012，44 (7)：13. DOI：10. 3724/SP. J. 1041. 2012. 00944.

[39] 田录梅，张文新，陈光辉. 父母支持、友谊质量对孤独感和抑郁的影响：检验一个间接效应模型 [J]. 心理学报，2014，46 (2)：14. DOI：10. 3724/SP. J. 1041. 2014. 00238.

[40] 万里川. 大学生孤独感与社交焦虑的相关研究 [J]. 心理学进展，2016，6 (4)：7. DOI：10. 12677/AP. 2016. 64051.

[41] 万恒阳，余俊渠，颜农秋，等. 新型冠状病毒肺炎疫情下大学生学习倦怠和网络成瘾的关系：生涯适应力的中介效应 [J]. 中国健康心理学杂志，2021，29 (5)：695-701.

[42] 王滨. 大学生孤独感与网络成瘾倾向关系的研究 [J]. 心理科学，2006，29 (6)：1425 - 1427. DOI：10. 3969/j. issn. 1671 - 6981. 2006. 06. 034.

[43] 王明忠，付聪，周宗奎. “大五” 人格、依恋与青少年孤独感的

关系研究［J］. 心理学探新，2015，35（5）：6. DOI：CNKI：SUN：XLXT. 0. 2015-05-009.

［44］王明忠，周宗奎，范翠英，等. 他人定向变量影响青少年孤独感和社交焦虑：人际能力作中介［J］. 心理发展与教育，2012，28（4）：8. DOI：CNKI：SUN：XLFZ. 0. 2012-04-010.

［45］王楠. 网络时代大学生人际关系探析［J］. 山东青年政治学院学报，2005（01）：44－45. DOI：10. 3969/j. issn. 1005－3492. 2005. 02. 112.

［46］王树青，陈会昌. 大学生自我同一性状态问卷中文简版的修订［J］. 中国临床心理学杂志，2013，21（2）：4. DOI：CNKI：SUN：ZLCY. 0. 2013-02-007.

［47］王晓霞. 当代中国人际关系的文化传承［J］. 南开学报（哲学社会科学版），2000（03）：89－96. DOI：10. 3969/j. issn. 1001－4667. 2000. 03. 014.

［48］王妍，罗跃嘉. 大学生面孔表情材料的标准化及其评定［J］. 中国临床心理学杂志，2005，13（4）：3. DOI：10. 3969/j. issn. 1005－3611. 2005. 04. 006.

［49］王莹，傅崇辉，李玉柱. 老年人的心理特征因素对生活满意度的影响［J］. 中国人口科学，2004（S1）：77-82.

［50］王英春，邹泓，屈智勇. 人际关系能力问卷（ICQ）在初中生中的初步修订［J］. 中国心理卫生杂志，2006，20（5）：3. DOI：10. 3321/j. issn：1000-6729. 2006. 05. 009.

［51］王英春，邹泓. 青少年人际交往能力的类型及其与友谊质量的关系［J］. 中国特殊教育，2009（2）：5. DOI：10. 3969/j. issn. 1007－3728. 2009. 02. 013.

［52］王永丽，林崇德，俞国良. 儿童社会生活适应量表的编制与应用［J］. 心理发展与教育，2005，21（1）：6. DOI：10. 3969/j. issn. 1001-4918. 2005. 01. 021.

［53］谢祥龙，段慧，谷传华. 老年人依恋对生活满意度的影响：孤独感的中介作用［J］. 心理科学，2014，37（6）：5. DOI：CNKI：SUN：XLKX. 0. 2014-06-023.

[54] 辛自强，张梅，何琳. 大学生心理健康变迁的横断历史研究[J]. 心理学报，2012（05）：100－115. DOI：10. 3724/SP. J. 1041. 2012. 00664.

[55] 熊承清，许远理. 生活满意度量表中文版在民众中使用的信度和效度［J］. 中国健康心理学杂志，2009（8）：2. DOI：CNKI：SUN：JKXL. 0. 2009-08-027.

[56] 熊猛. 师范院校学生学业勤奋度对主观幸福感的影响［J］. 中国学校卫生，2010，31（5）：3. DOI：CNKI：SUN：XIWS. 0. 2010-05-017.

[57] 杨东，吴晓蓉. 疏离感研究的进展及理论构建［J］. 心理科学进展，2022，10（1）：71－77. DOI：10. 3969/j. issn. 1671－3710. 2002. 01. 011.

[58] 杨东，张进辅，黄希庭. 青少年学生疏离感的理论构建及量表编制［J］. 心理学报，2002（04）：77-83. DOI：CNKI：SUN：XLXB. 0. 2002-04-012.

[59] 叶冬梅，钱铭怡，刘兴华，等. 社会交往焦虑量表和社交恐惧量表的修订［J］. 中国临床心理学杂志，2007，15（2）：115-117. DOI：10. 3969/j. issn. 1005-3611. 2007. 02. 002.

[60] 冀嘉嘉，吴燕，田学红. 大学生手机依赖和学业拖延、主观幸福感的关系［J］. 杭州师范大学学报（自然科学版），2014，13（5）：6. DOI：10. 3969/j. issn. 1674-232X. 2014. 05. 006.

[61] 尹倩兰，邓光辉. 大学生孤独感对心身健康影响［J］. 中国健康心理学杂志，2019（5）：6. DOI：CNKI：SUN：JKXL. 0. 2019-05-041.

[62] 余香莲. 社交焦虑个体注意偏向和注意控制的特点、神经机制及关系探索［D］. 福州：福建师范大学，2017.

[63] 曾晓强. 大学生父母依恋及其对学校适应的影响［D］. 重庆：西南大学，2009.

[64] 张春兴. 张氏心理学辞典［M］. 上海：上海辞书出版社，1992.

[65] 张瑾. 大学生朋友关系特性的调查研究［J］. 校园心理，2014，12（3）：3. DOI：10. 3969/j. issn. 1673-1662. 2014. 03. 007.

[66] 张锦涛，刘勤学，邓林园，等. 青少年亲子关系与网络成瘾：孤独感的中介作用［J］. 心理发展与教育，2011，27（6）：7. DOI：

CNKI：SUN：XLFZ. 0. 2011-06-013.

［67］张连云. 学业成绩影响儿童孤独感的中介变量分析［J］. 心理科学，2013，36（4）：6. DOI：CNKI：SUN：XLKX. 0. 2013-04-029.

［68］张兴巧，赵伟，刘雅婷，等. 当代大学生自尊、孤独感和社会支持的关系及其教育启示［J］. 教育研究，2020，3（5）.

［69］张雪凤，高峰强. 社交回避与苦恼对手机成瘾的影响：孤独感、安全感和沉浸的多重中介效应［J］. 中国临床心理学杂志，2018，26（3）：4.

［70］张亚利，李森，俞国良. 孤独感和手机成瘾的关系：一项元分析［J］. 心理科学进展，2020，28（11）：17. DOI：10. 3724/SP. J. 1042. 2020. 01836.

［71］张妍，吕培瑶，刘志强，等. 小学生社交焦虑和孤独感与学业成绩的关系研究［J］. 中国学校卫生，2006，27（11）：2. DOI：10. 3969/j. issn. 1000-9817. 2006. 11. 028.

［72］张禹，罗禹，赵守盈，等. 对威胁刺激的注意偏向：注意定向加速还是注意解除困难？［J］. 心理科学进展，2014. DOI：CNKI：SUN：XLXD. 0. 2014-07-009.

［73］张雯. 大学生人际成败归因特点及相关因素研究［J］. 国际中华应用心理学杂志，2004，1（2）：2.

［74］周宗奎，赵冬梅，孙晓军，等. 儿童的同伴交往与孤独感：一项2年纵向研究［J］. 心理学报，2006，38（5）：8.

［75］邹泓. 青少年的同伴关系：发展特点功能及其影响因素［M］. 北京：北京师范大学出版社，2003.

［76］朱智贤. 心理学大辞典［M］. 北京：北京师范大学出版社，1989.

［77］ANDERSON C A. Attributional style of the lonely and the depressed［J］. Aattribution Ttheory，1981. 45（1）. 127-139.

［78］ANDERSON C A. Attributional style，depression，and loneliness：A cross-cultural comparison of American and Chinese Students［J］. Personality & Social Psychology Bulletin，1999，25（4）：482 - 499. DOI：10. 1177/0146167299025004007.

[79] BENNER A D. Latino adolescents´ loneliness, academic performance, and the buffering nature of friendships [J]. Journal of Youth & Adolescence, 2011, 40 (5): 556 - 567. DOI: 10. 1007/s10964 - 010 - 9561-2.

[80] BANGEE M, HARRIS R A, BRIDGES N, et al. Loneliness and attention to social threat in young adults: Findings from an eye tracker study [J]. Personality & Individual Differences, 2014, 63: 16 - 23. DOI: 10. 1016/j. paid. 2014. 01. 039.

[81] BAR-HAIM Y, LAMY D, PERGAMIN L, et al. Threat-related attentional bias in anxious and nonanxious individuals: A meta-analytic study [J]. Psychological Bulletin, 2007. DOI: 10. 1037/0033-2909. 133. 1. 1.

[82] BAKKER M P, ORMEL J, VERHULST F C, et al. Peer stressors and gender differences in adolescents´ mental health: The TRAILS study [J]. Journal of Adolescent Health Official Publication of the Society for Adolescent Medicine, 2010, 46 (5): 444 - 450. DOI: 10. 1016/j. jadohealth. 2009. 10. 002.

[83] BEARD C, AMIR N. Interpretation in social anxiety: When meaning precedes ambiguity [J]. Cognitive Therapy and Research, 2009, 33 (4): 406-415.

[84] BELL, R A. Conversational involvement and loneliness [J]. Communication Monographs, 1985, 52 (3): 218-235.

[85] LAYNE, D, BENNION, et al. A revision of the extended version of the objective measure of ego identity status: An identity instrument for use with late adolescents [J]. Journal of Adolescent Research, 1986. DOI: 10. 1177/074355488612005.

[86] BERG J H, PEPLAU L A. Loneliness: The relationship of self-disclosure and androgyny [J]. Personality and Social Psychology Bulletin, 1982, 8 (4): 624-630.

[87] BLEDOWSKI C, PRVULOVIC D, GOEBEL R, et al. Attentional systems in target and distractor processing: A combined ERP and fMRI study [J]. Neuroimage, 2004, 22 (2): 530-540. DOI: 10. 1016/j. neuroimage.

2003. 12. 034.

[88] BOKHORST C L, SUMTER S R, WESTENBERG P M. Social support from parents, friends, classmates, and teachers in children and adolescents aged 9 to 18 years: Who is perceived as most supportive? [J]. Social Development, 2010, 19 (2): 417-426. DOI: 10. 1111/j. 1467-9507. 2009. 00540. x.

[89] BRAILEAN A, AARTSEN M J, MUNIZ-TERRERA G, et al. Longitudinal associations between late-life depression dimensions and cognitive functioning: A cross-domain latent growth curve analysis [J]. Psychological Medicine, 2017, 47 (4): 690-702. DOI: 10. 1017/S003329171600297X.

[90] BRONFENBRENNER U. Ecological Systems Theory [M] //R. Vasta. Six theories of child development: Revised formulations and current issues. Jessica Kingsley, 1992.

[91] BROWN B B, LARSON J. Peer relationships in adolescence [M]. John Wiley & Sons Inc., 2009.

[92] BUHRMESTER D, FURMAN W, WITTENBERG M, et al. Five domains of interpersonal competence in peer relationships [J]. J Pers Soc Psychol, 1988, 55 (6): 991-1008.

[93] CACIOPPO S, BALOGH S, CACIOPPO J T. Implicit attention to negative social, in contrast to nonsocial, words in the stroop task differs between individuals high and low in loneliness: Evidence from event-related brain microstates [J]. Cortex, 2015, 70: 213 - 233. DOI: 10. 1016/j. cortex. 2015. 05. 032.

[94] CACIOPPO S, BANGEE M, BALOGH S, et al. Loneliness and implicit attention to social threat: A high-performance electrical neuroimaging study [J]. Cognitive Neuroscience, 2015: 1-22. DOI: 10. 1080/17588928. 2015. 1070136.

[95] JOHN T CACIOPPO, JOHN M ERNST, MARY H BURLESON, et al. Lonely traits and concomitant physiological processes: The MacArthur social neuroscience studies [J]. International Journal of Psychophysiology, 2000. DOI: 10. 1016/S0167-8760 (99) 00049-5.

[96] CACIOPPO J T, HAWKLEY L C. People thinking about people: The vicious cycle of being a social outcast in one's own mind [M] //The Social Outcast: Ostracism, Social Exclusion, Rejection, and Bullying. Psychology Press, 2005.

[97] CACIOPPO J T, HAWKLEY L C. Perceived social isolation and cognition [J]. Trends in Cognitive Sciences, 2009, 13 (10): 447 - 454. DOI: 10. 1016/j. tics. 2009. 06. 005.

[98] CACIOPPO J T, HAWKLEY L C, BERNTSON G G. The anatomy of loneliness [J]. The Journal of the American Medical Association, 2010, 245 (3): 1871-1871.

[99] CACIOPPO J T, HAWKLEY L C, CRAWFORD L E, et al. Loneliness and health: Potential mechanisms [J]. Psychosomatic Medicine, 2002, 64 (3): 407-417.

[100] CACIOPPO J T, HAWKLEY L C, ERNST J M, et al. Loneliness within a nomological net: An evolutionary perspective [J]. Journal of Research in Personality, 2006, 40 (6): 1054 - 1085. DOI: 10. 1016/j. jrp. 2005. 11. 007.

[101] CACIOPPO J T, HAWKLEY L C, THISTED R A. Perceived social isolation makes me sad: 5-year cross-lagged analyses of loneliness and depressive symptomatology in the Chicago Health, Aging, and Social Relations Study [J]. Psychol Aging, 2010, 25 (2): 453 - 463. DOI: 10. 1037/a0017216.

[102] CACIOPPO J T, HUGHES M E, WAITE L J, et al. Loneliness as a specific Risk Factor for Depressive Symptoms: Cross-Sectional and Longitudinal Analyses. [J]. Journal of Causal Inference, 2013, 1 (1): 1-20. DOI: 10. 1515/jci-2012-0002.

[103] CACIOPPO J T, NORRIS C J, DECETY J, et al. In the Eye of the Beholder: Individual Differences in Perceived Social Isolation Predict Regional Brain Activation to Social Stimuli [J]. Journal of Cognitive Neuroscience, 2009, 21 (1): 83-92. DOI: 10. 1162/jocn. 2009. 21007.

[104] CACIOPPO S, FRUM C, ASP E, et al. A quantitative meta-anal-

ysis of functional imaging studies of social rejection [J]. Scientific Reports, 2013, 3: 2027.

[105] CALVO M G, AVERO P. Time course of attentional bias to emotional scenes in anxiety: Gaze direction and duration [J]. Cogn Emot, 2005, 19 (3): 433-451. DOI: 10. 1080/02699930441000157.

[106] BALCONI M, CARRERA A. Cross-Modal Integration of Emotional Face and Voice in Congruous and Incongruous Pairs: The P2 ERP effect [J]. Journal of Cognitive Psychology, 2011, 23 (1): 132-139. DOI: 10. 1080/20445911. 2011. 473560.

[107] CISLER J M, KOSTER E H W. Mechanisms of Attentional Biases towards Threat in Anxiety Disorders: An Integrative Review [J]. Clinical Psychology Review, 2010, 30 (2): 203-216. DOI: 10. 1016/j. cpr. 2009. 11. 003.

[108] CHANG E C, WAN L, LI P, et al. Loneliness and suicidal risk in young adults: Does believing in a changeable future help minimize suicidal risk among the lonely? [J]. The Journal of Psychology Interdisciplinary and Applied, 2017, 151 (5): 1-11. DOI: 10. 1080/00223980. 2017. 1314928.

[109] WEN, CHEN, SHUXIAN, et al. Impacts of social integration and loneliness on mental health of humanitarian migrants in Australia: Evidence from a longitudinal study [J]. Australian and New Zealand Journal of Public Health, 2019. DOI: 10. 1111/1753-6405. 12856.

[110] CHEN X, HE Y, OLIVEIRA A M D, et al. Loneliness and social adaptation in Brazilian, Canadian, Chinese and Italian children: A multi-national comparative study [J]. Journal of Child Psychology & Psychiatry, 2010, 45 (8): 1373-1384. DOI: 10. 1111/j. 1469-7610. 2004. 00329. x.

[111] CHEN Y P, EHLERS A, CLARK D M, et al. Patients with generalized social phobia direct their attention away from faces [J]. Behaviour Research & Therapy, 2002, 40 (6): 677-687.

[112] CORSANO P, MAJORANO M, MICHELINI G, et al. Solitudine e autodeterminazione in adolescenza [Loneliness and self-determination during adolescence] [J]. Ricerche di Psicologia, 2011, 4: 473-498.

[113] CRAMER K M, NEYEDLEY K A. Sex differences in loneliness: The role of masculinity and femininity [J]. Sex Roles, 1998, 38 (7-8): 645-653.

[114] CATTERSON J, HUNTER S C. Cognitive mediators of the effect of peer victimization on loneliness [J]. British Journal of Educational Psychology, 2010, 80 (3): 403-416.

[115] DELMELLE E C, HASLAUER E, PRINZ T. Social satisfaction, commuting and neighborhoods [J]. Journal of Transport Geography, 2013, 30 (6): 110-116. DOI: 10. 1016/j. jtrangeo. 2013. 03. 006.

[116] DOROTHY A, DENIRO. Perceived alienation in individs with residual-type schizophrenia [J]. Issues in Mental Health Nursing, 2009. DOI: 10. 3109/01612849509006934.

[117] DIENER E, EMMONS R A, LARSEN R J, et al. The satisfaction with life scale [J]. J Pers Assess, 1985, 49 (1): 71-75. DOI: 10. 1207/s15327752jpa4901_ 13.

[118] DUNCAN-JOHNSON C C, DONCHIN E. The relation of P300 latency to reaction time as a function of expectancy [J]. Progress in Brain Research, 1980, 54: 717-722. DOI: 10. 1016/S0079-6123 (08) 61693-3.

[119] DUNCAN-JOHNSON C C, DONCHIN E. On quantifying surprise: The variation of event-related potentials with subjective probability [J]. Psychophysiology, 2010, 14 (5): 456-467. DOI: 10. 1111/j. 1469-8986. 1977. tb01312. x.

[120] DYKSTRA, P. A. Changes in older adult loneliness: Results from a seven-year longitudinal study [J]. Research on Aging An International Bimonthly Journal, 2016, 26 (6): 725-747. DOI: 10. 1177/0164027505279712.

[121] EESKE, VAN, ROEKEL, et al. Loneliness in adolescence: Gene × environment interactions involving the serotonin transporter gene [J]. Journal of Child Psychology and Psychiatry, 2010. DOI: 10. 1111/j. 1469-7610. 2010. 02225. x.

[122] ERIKSON, E H. Identity and the life cycle: Selected papers [J]. Psychological Issues, 1959, 1 (1): 5-165.

[123] FAUL F, ERDFELDER E, LANG A G, et al. G * Power 3: A flexible statistical power analysis program for the social, behavioral, and biomedical sciences [J]. Behav Res Methods, 2007, 39 (2): 175-191. DOI: 10. 3758/BF03193146.

[124] FERGUS T A, VALENTINER D P, MCGRATH P B, et al. Short forms of the social interaction anxiety scale and the social phobia scale [J]. Journal of Personality Assessment, 2012, 94 (3): 310 - 320. DOI: 10. 1080/00223891. 2012. 660291.

[125] FRANCIS, L J. Gender role orientation and attitude toward christianity: A study among older men and women in the United Kingdom [J]. Journal of Psychology & Theology, 2005, 33 (3): 179-186.

[126] FRANKLIN A, TRANTER B. Loneliness in Australia [J]. Studies in Human Society, 2008. DOI: http: //ecite. utas. edu. au/56265.

[127] FRIEDLER B, CRAPSER J, MCCULLOUGH L. One is the deadliest number: The detrimental effects of social isolation on cerebrovascular diseases and cognition [J]. Acta Neuropathologica, 2015, 129 (4). DOI: 10. 1007/s00401-014-1377-9.

[128] FRITH C D, FRITH U. Implicit and explicit processes in social cognition [J]. Neuron, 2008, 60 (3): 503-510.

[129] FUNG K, PATERSON D, ALDEN L E. Are social anxiety and loneliness best conceptualized as a unitary trait? [J]. Journal of Social & Clinical Psychology, 2017, 36 (4): 335-345.

[130] FURMAN W, BUHRMESTER D. Age and sex differences in perceptions of networks of personal relationships [J]. Child Development, 1992, 63: 103-115.

[131] GABLE S L. Approach and avoidance social motives and goals [J]. Journal of Personality, 2010, 74 (1): 175-222. DOI: 10. 1111/j. 1467-6494. 2005. 00373. x.

[132] GABRIEL S, GARDNER W L. Are there " his" and " hers" types of interdependence? The implications of gender differences in collective versus relational interdependence for affect, behavior, and cognition [J]. Journal

of Personality and Social Psychology, 1999, 77 (3): 642-655. DOI: 10. 1037/0022-3514. 77. 3. 642.

[133] GIERVELD, JONG J D. A review of loneliness: Concept and definitions, determinants and consequences [J]. Reviews in Clinical Gerontology, 2000, 2013 (1): 73-80. DOI: 10. 1017/S0959259898008090.

[134] LUBKE G, MUTHéN, BENGT O. Performance of factor mixture models as a function of model size, covariate effects, and class-specific parameters [J]. Structural Equation Modeling A Multidisciplinary Journal, 2007, 14 (1): 26-47. DOI: 10. 1207/s15328007sem1401_ 2.

[135] GOOSSENS L, LASGAARD M, LUYCKX K, et al. Loneliness and solitude in adolescence: A confirmatory factor analysis of alternative models [J]. Personality & Individual Differences, 2009, 47 (8): 890-894. DOI: 10. 1016/j. paid. 2009. 07. 011.

[136] GOOSSENS L, MARCOEN A. Loneliness in childhood and adolescence: Adolescent loneliness, self-reflection, and identity: From individual differences to developmental processes [J]. Trec, 1999: 1-8. DOI: 10. 1007/s11082-014-0061-6.

[137] GOOSSENS L. Genes, environments, and interactions as a new challenge for European developmental psychology: The sample case of adolescent loneliness [J]. European Journal of Developmental Psychology, 2012, 9 (4): 1-14. DOI: 10. 1080/17405629. 2012. 673747.

[138] GOSLING S D, RENTFROW P J, SWANN W B. A very brief measure of the Big-Five personality domains [J]. Journal of Research in Personality, 2003, 37 (6): 504-528. DOI: 10. 1016/S0092-6566 (03) 00046-1.

[139] GOW A J, PATTIE A, WHITEMAN M C, et al. Social support and successful aging: Investigating the relationships between lifetime cognitive change and life satisfaction [J]. Journal of Individual Differences, 2007, 28: 103-115.

[140] HIRSCH C R, CLARK D M, MATHEWS A. Imagery and interpretations in social phobia: Support for the combined cognitive biases hypothesis

[J]. Behavior Therapy, 2006, 37 (3): 223-236. DOI: 10. 1016/j. beth. 2006. 02. 001.

[141] HARRIS R A, QUALTER P, ROBINSON S J. Loneliness trajectories from middle childhood to pre-adolescence: Impact on perceived health and sleep disturbance [J]. J Adolesc, 2013, 36 (6): 1295-1304. DOI: 10. 1016/j. adolescence. 2012. 12. 009.

[142] HASAN M, CLARK E M. I get so lonely, baby: The effects of loneliness and social isolation on romantic dependency [J]. J Soc Psychol, 2017, 157 (4): 429-444. DOI: 10. 1080/00224545. 2016. 1229251.

[143] HAWKLEY L C, CACIOPPO J T. Loneliness matters: A theoretical and empirical review of consequences and mechanisms [J]. Annals of Behavioral Medicine, 2010 , 40: 218-227.

[144] HAWKLEY L C, GU Y, LUO Y J, et al. The mental representation of social connections: Generalizability extended to Beijing adults [J]. PLOS ONE, 2012, 7. DOI: 10. 1371/journal. pone. 0044065.

[145] HAWKLEY L C, KOCHERGINSKY M. Transitions in loneliness among older adults: A 5-Year follow-up in the national social life, health, and aging project [J]. Research on Aging, 2017, 40 (4): 016402751769896. DOI: 10. 1177/0164027517698965.

[146] HAWKLEY L C, THISTED R A, CACIOPPO J T. Loneliness predicts reduced physical activity: Cross-sectional and longitudinal analyses [J]. Health Psycho, 2009, 28: 354-363.

[147] HAWTHORNE G. Perceived social isolation in a community sample: Its prevalence and correlates with aspects of peoples' lives [J]. Social Psychiatry and Psychiatric Epidemiology, 2008, 43 (2): 140-150. DOI: 10. 1007/s00127-007-0279-8.

[148] LIESL, M, HEINRICH, et al. The clinical significance of loneliness: A literature review [J]. Clinical Psychology Review, 2006. DOI: 10. 1016/j. cpr. 2006. 04. 002.

[149] HENNINGER IV, W R, ESHBAUGH E M, et al. Perceived social support and roommate status as predictors of college student loneliness

[J]. Journal of College & University Student Housing, 2016, 42 (2): 46-59.

[150] HENNINGER, WILLIAM R, IV. Perceived social support and roommate status as predictors of college student loneliness [J]. Journal of College & University Student Housing, 2016, 42.

[151] HOJAT M. Comparison of transitory and chronic loners on selected personality variables [J]. British Journal of Psychology, 1983, 74 (2): 199-202.

[152] HOLVAST F, BURGER H, DE WAAL M M W, et al. Loneliness is associated with poor prognosis in late-life depression: Longitudinal analysis of the Netherlands study of depression in older persons [J]. Journal of Affective Disorders, 2015, 185: 1-7. DOI: 10. 1016/j. jad. 2015. 06. 036.

[153] HOROWITZ L M, DE SALES FRENCH R. Interpersonal problems of people who describe themselves as lonely [J]. Journal of consulting and clinical psychology, 1979, 47 (4): 762.

[154] HSUEH Y C, CHEN C Y, HSIAO Y C, et al. A longitudinal, cross-lagged panel analysis of loneliness and depression among community-based older adults [J]. Journal of Elder Abuse & Neglect, 2019, 31 (4-5): 1-13. DOI: 10. 1080/08946566. 2019. 1660936.

[155] HU, LI - TZE, BENTLER P M. Cutoff criteria for fit indexes in covariance structure analysis: Conventional criteria versus new alternatives [J]. Structural Equation Modeling, 1999, 6 (1): 1 - 55. DOI: 10. 1080/10705519909540118.

[156] HYMEL S, RUBIN K H, LEMARE R L. Children's peer relationships: Longitudinal pediction of internalizing and externalizing problems from middle to late childhood [J]. Child Development, 1990, 61 (6): 2004-2021. DOI: 10. 2307/1130854.

[157] VANHALST J, GOOSSENS L, LUYCKX K, et al. The development of loneliness from mid- to late adolescence: Trajectory classes, personality traits, and psychosocial functioning [J]. J Adolesc, 2013, 36 (6): 1305-1312. DOI: 10. 1016/j. adolescence. 2012. 04. 002.

[158] JOBE-SHIELDS L, COHEN R, PARRA G R. Patterns of change

in children's loneliness: Trajectories from third through fifth grades [J]. Merrill-Palmer Quarterly, 2011, 57 (1): 25-47. DOI: 10. 1353/mpq. 2011. 0003.

[159] JONES W H. Loneliness and social contact [J]. The Journal of Social Psychology, 1981, 113 (2): 295-296.

[160] JONES W H. Loneliness and social behavior [M] //Peplau L A, Perlman D. Loneliness: A Sourcebook of Current Theory, Research and Therapy. New York: John Wiley and Sons, 1982: 247-266.

[161] JONES W H, CARVER M D. Adjustment and coping implications of loneliness [J]. 1991.

[162] JONES W H, HOBBS S A, HOCKENBURY D. Loneliness and social skill deficits [J]. Journal of Personality and Social Psychology, 1982, 42 (4): 682.

[163] KANAI R, BAHRAMI B, DUCHAINE B, et al. Brain structure links loneliness to social perception [J]. Current Biology, 2012, 22 (20): 1975-1979.

[164] KANIUONYT G, INGA TRUSKAUSKAIT - KUNEVIIEN, UKAUSKIEN R, et al. Knowing who you are for not feeling lonely? A longitudinal study on identity and loneliness [J]. Child Development, 2019, 90 (5). DOI: 10. 1111/cdev. 13294.

[165] KEARNS A, WHITLEY E, TANNAHILL C, et al. Loneliness, social relations and health and well-being in deprived communities [J]. Psychology Health & Medicine, 2015, 20 (3): 332-344. DOI: 10. 1080/13548506. 2014. 940354.

[166] KILLEEN C. Loneliness: An epidemic in modern society [J]. J AdvNurs, 1998, 28 (4): 762-770.

[167] KINGERY J N, ERDLEY C A. Peer experience as predictors of adjustment across the middle school transition [J]. Education and Treatment of Children, 2007, 30 (2): 73-88. DOI: 10. 1353/etc. 2007. 0007.

[168] KINGERY J N, ERDLEY C A, MARSHALL K C. Peer acceptance and friendship as predictors of early adolescents′ adjustment across the

middle school transition [J]. Merrill-Palmer Quarterly, 2011, 57. DOI: 10. 1353/mpq. 2011. 0012.

[169] KNOWLES M L, LUCAS G M, BAUMEISTER R F, ET AL. Choking under social pressure: Social monitoring among the lonely [J]. Personality & Social Psychology Bulletin, 2015, 41 (6): 805.

[170] Koster E H W, Crombez G, Verschuere B, et al. Attention to threat in anxiety-prone individuals: Mechanisms underlying attentional bias [J]. Cognitive Therapy & Research, 2006, 30 (5): 635-643. DOI: 10. 1007/s10608-006-9042-9.

[171] KROGER J. Gender and identity: The intersection of structure, content, and context [J]. Sex Roles, 1997, 36 (11): 747-770. DOI: 10. 1023/A: 1025627206676.

[172] LA GRECA A M, HARRISON H M. Adolescent peer relations, friendships, and romantic relationships: Do they predict social anxiety and depression? [J]. J Clin Child Adolesc Psychol, 2005, 34 (1): 49-61. DOI: 10. 1207/s15374424jccp3401_ 5.

[173] LADD G W, ETTEKAL I. Peer-related loneliness across early to late adolescence: Normative trends, intra-individual trajectories, and links with depressive symptoms [J]. Journal of Adolescence, 2013, 36 (6): 1269-1282. DOI: 10. 1016/j. adolescence. 2013. 05. 004.

[174] LARA E, CABALLERO F F, RICOURIBE L A, ET AL. Are loneliness and social isolation associated with cognitive decline [J]. International Journal of Geriatric Psychiatry, 2019, 34 (11): 1613-1622.

[175] ARSON R W. The solitary side of life: An examination of the time people spend alone from childhood to old age [J]. Developmental Review, 1990, 10 (2): 155-183. DOI: 10. 1016/0273-2297 (90) 90008-R.

[176] LARSON R W. The emergence of solitude as a constructive domain of experience in early adolescence [J]. Child Development, 1997, 68 (1): 80-93. DOI: 10. 2307/1131927.

[177] LASGAARD M, FRIIS K, SHEVLIN M. " Where are all the lonely people?" A population-based study of high-risk groups across the life

span [J]. Social Psychiatry and Psychiatric Epidemiology, 2016, 51 (10): 1373-1384.

[178] LAURSEN B, HARTL A C. Understanding loneliness during adolescence: Developmental changes that increase the risk of perceived social isolation [J]. Journal of Adolescence, 2013, 36 (6): 1261-1268. DOI: 10.1016/j. adolescence. 2013. 06. 003.

[179] LAURSEN B, PURSELL G. Conflict in peer relationships [M] // Rubin K H, Bukowski W M, Laursen B. Handbook of Peer Interactions, Relationships, and Groups. New York: Guilford, 2009: 267-286.

[180] LEE S, TAM C L, CHIE Q T. Mobile phone usage preferences: The contributing factors of personality, social anxiety and loneliness [J]. Social Indicators Research, 2014, 118 (3): 1205-1228. DOI: 10. 1007/s11205-013-0460-2.

[181] LEFCOURT, HERBERT, M, et al. The multidimensional-multiattributional causality scale: The development of a goal specific locus of control scale [J]. Canadian Journal of Behavioural Science/Revue Canadienne Des Sciences Du Comportement, 1979. DOI: 10. 1037/h0081598.

[182] LEVINE, PEASLEE M. Loneliness and eating disorders [J]. Journal of Psychology, 2012, 146 (1): 243-257.

[183] MICHELLE H, RODEBAUGH, THOMAS L, et al. Loneliness over time: The crucial role of social anxiety [J]. Journal of Abnormal Psychology, 2016, 125 (5).

[184] LIU H, ZHANG M, YANG Q, et al. Gender differences in the influence of social isolation and loneliness on depressive symptoms in college students: A longitudinal study [J]. Social psychiatry and psychiatric epidemiology, 2020, 55 (2): 251-257. DOI: 10. 1007/s00127-019-01726-6.

[185] LOUISE C, HAWKLEY. Aging and loneliness: Downhill quickly [J]. Current Directions in Psychological Science, 2007, 16 (4): 187-191.

[186] LUHMANN M, HAWKLEY L C. Age differences in loneliness from late adolescence to oldest old age [J]. Developmental Psychology, 2016, 52 (6): 943-959.

[187] MA C Q, HUEBNER E S. Attachment relationships and adolescents′ life satisfaction: Some relationships matter more to girls than boys [J]. Psychology in the Schools, 2008. DOI: 10. 1002/pits. 20288.

[188] MACLEOD C, MATHEWS A, TATA P. Attentional bias in emotional disorders. [J]. J Abnorm Psychol, 1986, 95 (1): 15-20. DOI: 10. 1037/0021-843X. 95. 1. 15.

[189] MAESMARLIES, KLIMSTRA THEO, VAN DEN NOORTGATE WIM, et al. Factor structure and measurement invariance of a multidimensional loneliness scale: Comparisons across gender and age [J]. Journal of Child and Family Studies, 2015, 24 (6): 1829-1837. DOI: 10. 1007/s10826-014-9986-4.

[190] MAHON N E, YARCHESKI A, YARCHESKI T J, et al. A meta-analytic study of predictors for loneliness during adolescence [J]. Nursing Research, 2006, 55 (6): 308.

[191] MAJORANO M, MUSETTI A, BRONDINO M, et al. Loneliness, emotional autonomy and motivation for solitary behavior during adolescence [J]. Journal of Child and Family Studies, 2015, 24 (11): 3436-3447. DOI: 10. 1007/s10826-015-0145-3.

[192] MARCIA, JAMES E. Development and validation of ego-identity status [J]. Journal of Personality & Social Psychology, 1966, 3 (5): 551. DOI: 10. 1037/h0023281.

[193] MARCOEN A, GOOSSENS L, CAES P. Lonelines in pre-through late adolescence: Exploring the contributions of a multidimensional approach [J]. Journal of Youth & Adolescence, 1987, 16 (6): 561-577. DOI: 10. 1007/BF02138821.

[194] MARCOEN A, GOOSSENS L. Loneliness, attitude towards aloneness, and solitude: Age differences and developmental significance during adolescence [J]. Erlbaum, 1993. DOI: https: //lirias. kuleuven. be/handle/123456789/135526.

[195] MARLIES, MAES, JANNE, et al. Loneliness and attitudes toward aloneness in adolescence: A person-centered approach [J]. Journal of

Youth & Adolescence, 2016. DOI: 10. 1007/s10964-015-0354-5.

[196] MATTICK R P, CLARKE J C. Development and validation of measures of social phobia scrutiny fear and social interaction anxiety [J]. Behav Res Ther, 1998, 36 (4): 455-470. DOI: info: doi/10. 1016/S0005-7967 (97) 10031-6.

[197] MCINTYRE J C, WORSLEY J, CORCORAN R, et al. Academic and non-academic predictors of student psychological distress: The role of social identity and loneliness [J]. J Ment Health, 2018, 27 (3): 1-10. DOI: 10. 1080/09638237. 2018. 1437608.

[198] POWER M H, TANG J, KENNY R A, et al. Mediating the relationship between loneliness and cognitive function: The role of depressive and anxiety symptoms [J]. Aging and Mental Health, 2019 (6): 1-8. DOI: 10. 1080/13607863. 2019. 1599816.

[199] MIERS A C, BLOTE A W, BOGELS S M, ET AL. Interpretation bias and social anxiety in adolescents [J]. Journal of Anxiety Disorders, 2008, 22 (8): 1462-1471.

[200] MIJUSKOVIC B. Organic communities, atomistic societies, and loneliness [J]. Journal of Sociology and Social Welfare, 1992, 19: 147-164.

[201] MOELLER R W, SEEHUUS M . Loneliness as a mediator for college students´ social skills and experiences of depression and anxiety [J]. Journal of Adolescence, 2019, 73: 1-13.

[202] MOSER J S, HAJCAK G, HUPPERT J D, et al. Interpretation bias in social anxiety as detected by event - related brain potentials [J]. Emotion, 2008, 8 (5): 693-700. DOI: 10. 1037/a0013173.

[203] MOUNTS N S, VALENTINER D P, ANDERSON K L, et al. Shyness, sociability, and parental support for the college transition: Relation to adolescents´ adjustment [J]. Journal of Youth and Adolescence, 2006, 35 (1): 68-77. DOI: 10. 1007/s10964-005-9002-9.

[204] MIJUSKOVIC B. Organic communities, atomistic societies, and loneliness [J]. Journal of Sociology and Social Welfare, 1992, 19: 147-164.

[205] MURPHY B P M, KUPSHIK G A. Loneliness, stress, and well-

being: A helper's guide [J]. Tavistock Routledge, 1957.

[206] NEWALL N E, CHIPPERFIELD J G, CLIFTON R A, et al. Causal beliefs, social participation, and loneliness among older adults: A longitudinal study [J]. Journal of Social & Personal Relationships, 2009, 26 (2-3): 273-290. DOI: 10. 1177/0265407509106718.

[207] NEWALL N E G, CHIPPERFIELD J G, BAILIS D S, et al. Consequences of loneliness on physical activity and mortality in older adults and the power of positive emotions [J]. Health Psychology, 2013, 32 (8): 921-924. DOI: 10. 1037/a0029413.

[208] NOLENHOEKSEMA S, AHRENS C. Age differences and similarities in the correlates of depressive symptoms [J]. Psychology and Aging, 2002, 17 (1): 116-124.

[209] PERLMAN D, LANDOLT M A. Loneliness in childhood and adolescence: Examination of loneliness in children-adolescents and in adults: Two solitudes or unified enterprise? [M] // Rotenberg K J, Hymel S. Loneliness in Childhood and Adoles - Cence. Cambridge, UK: CambridgeUniversity Press, 1999: 325-347.

[210] PAQUETTE D, RYAN J . Bronfenbrenner's Ecological Systems Theory [J]. 2011.

[211] PEPLAU L A, PERLMAN D. Loneliness: A Sourcebook of Current Theory [J]. Research and Therapy, 1982, 14 (3).

[212] PERLMAN D, GERSON A C, SPINNER B. Loneliness among senior citizens: An empirical report [J]. Essence, 1978, 2 (4): 239-248.

[213] POLLAK S D, TOLLEY-SCHELL S A. Selective attention to facial emotion in physically abused childre [J]. Journal of Abnormal Psychology, 2003, 112 (3): 323-338. DOI: 10. 1037/0021-843X. 112. 3. 323.

[214] PONZETTI J J. Loneliness among college students [J]. Family Relations, 1990, 39: 341-348.

[215] QUALTER P, ROTENBERG K, BARRETT L, et al. Investigating hypervigilance for social threat of lonely children [J]. J Abnorm Child Psychol, 2013, 41 (2): 325 - 338. DOI: 10. 1007/s10802 - 012 -

9676-x.

[216] QUALTER P, VANHALST J, HARRIS R, et al. Loneliness across the life span [J]. Perspectives on Psychological Science, 2015, 10: 250 -264.

[217] RADLOFF L S. The CES-D scale a self-report depression scale for research in the general population [J]. Applied Psychological Measurement, 1977, 1 (3): 385-401. DOI: 10. 1177/014662167700100306.

[218] REIS O, BUHL H M. Individuation during adolescence and emerging adulthood - five German studies [J]. International Journal of Behavioral Development, 2008, 32 (5): 369-371. DOI: 10. 1177/0165025408093653.

[219] REN, LIJIE HAN, XIANGUO LI, et al. The association between loneliness and depression among Chinese college students: Affinity for aloneness and gender as moderators [J]. European journal of developmental psychology, 2021, 18 (3).

[220] REN L, MO B, LIU J, et al. A cross-lagged regression analysis of loneliness and depression: A two-year trace [J]. European Journal of Developmental Psychology, 2020 (2): 1 - 15. DOI: 10. 1080/17405629. 2020. 1865146.

[221] ROKACH A. Surviving and coping with loneliness [J]. J Psychol, 1990, 124 (1): 39-54.

[222] ROKACH A, HEATHER B. Loneliness: A multidimensional experience [J]. Psychology (Savannah, Ga.), 1997, 34: 1-9.

[223] ROKACH A, LACKOVIC-GRGIN K, PENEZIC Z, et al. The effects of culture on the causes of loneliness [J]. Psychology (Savannah, Ga.), 2000, 25 (3-4): 6-20.

[224] ROKACH, AMI, ORZECK, et al. Causes of loneliness in north america and spain [J]. European Psychologist, 2002, 7 (1): 70-79.

[225] ROOK K S, PEPLAU L A. Perspectives on helping the lonely [M] //Peplau L A , Perlman D. Loneliness: A Sourcebook of Current Theory, Research and Therapy. New York: John Wiley and Sons, 1982.

[226] ROSE A J, RUDOLPH K D. A review of sex trade-offs for the e-

motional and behavioral development of girls and boy [J]. Psychological Bulletin, 2006, 132: 98-131.

[227] ROSSIGNOL M, PHILIPPOT P, CéCILE BISSOT, et al. Electrophysiological correlates of enhanced perceptual processes and attentional capture by emotional faces in social anxiety [J]. Brain Research, 2012, 1460: 50-62. DOI: 10. 1016/j. brainres. 2012. 04. 034.

[228] ROTENBERG K J, HYMEL S. Loneliness in childhood and adolescence [M]. Cambridge University Press, 1999.

[229] RUBIN R. Loneliness might be a killer, but what's the best way to protect against it? [J]. The Journal of the American Medical Association, 2017, 318 (19): 1853. DOI: 10. 1001/jama. 2017. 14591.

[230] RUSSELL, DANIEL W. UCLA loneliness scale (version 3): Reliability, validity, and factor structure [J]. J Pers Assess, 1996, 66 (1): 20-40. DOI: 10. 1207/s15327752jpa6601_ 2.

[231] RUSSELL D, PEPLAU L A, CUTRONA C E. The revised UCLA loneliness scale: Concurrent and discriminant validity evidence [J]. Journal of Personality & Social Psychology, 1980, 39 (39): 472. DOI: 10. 1037/0022-3514. 39. 3. 472.

[232] SAVIKKO N, ROUTASALO P, TILVIS R S, et al. Predictors and subjective causes of loneliness in an aged population [J]. Archives of Gerontology and Geriatrics, 2005, 41 (3): 223 - 233. DOI: 10. 1016/j. archger. 2005. 03. 002.

[233] SCHINKA K C, VAN DULMEN M H M, MATA A D, et al. Psychosocial predictors and outcomes of loneliness trajectories from childhood to early adolescence [J]. Journal of Adolescence, 2013, 36 (6): 1251-1260.

[234] SCHMIDT N, SERMAT V. Measuring loneliness in different relationships [J]. Journal of Personality and Social Psychology, 1983, 44 (5): 1038.

[235] SCHUTTER D J, DE HAAN E H, VAN HONK J. Functionally dissociated aspects in anterior and posterior electrocortical processing of facial threat [J]. International Journal of Psychophysiology, 2004, 53 (1): 29-36.

[236] SEGRIN C, FLORA J. Poor social skills are a vulnerability factor in the development of psychosocial problems [J]. Human Communication Research, 2000, 26 (3). DOI: 10. 1111/j. 1468-2958. 2000. tb00766. x.

[237] SINGH B, KIRAN U V. Loneliness among elderly women [J]. International Journal of Humanities and Social Science Invention, 2013, 2 (2): 10-14.

[238] SHAVER P, FURMAN W, BUHRMESTER D. Transition to college: Network changes, social skills, and loneliness [M] // Duck S, Perlman D. Understanding Personal Relationships: An Interdisciplinary Approach. London: Sage Publications, 1985: 193-219.

[239] SHEPPES G, LURIA R, FUKUDA K, et al. There's more to anxiety than meets the eye: Isolating threat-related attentional engagement and disengagement biases [J]. Emotion, 2013, 13 (3): 520 - 528. DOI: 10. 1037/a0031236.

[240] SHETTAR M, KARKAL R, KAKUNJE A, et al. Facebook addiction and loneliness in the post-graduate students of a university in southern India [J]. Int J Soc Psychiatry, 2017, 63 (4): 325 - 329. DOI: 10. 1177/0020764017705895.

[241] SMETANA J G. Adolescent-parent conflict: Implications for adaptive and maladaptive development [M] // Cicchetti D, Toth S L. Adolescence: Opportunities and Challenges. NY: University of Rochester, 1996: 1-46.

[242] SPITHOVEN A W M, CACIOPPO S, GOOSSENS L, et al. Genetic contributions to loneliness and their relevance to the evolutionary theory of loneliness [J]. Perspectives on Psychological Science, 2019.

[243] STEELE C M, ARONSON J. Stereotype threat and the intellectual test performance of african americans [J]. Journal of Personality & Social Psychology, 1995, 69 (5): 797-811.

[244] STEPTOE A, SHANKAR A, DEMAKAKOS P, et al. Social isolation, loneliness, and all-cause mortality in older men and women [J]. Proceedings of the National Academy of Sciences of the United States of America,

2013, 110 (15): 5797-5801. DOI: 10. 1073/pnas. 1219686110.

[245] STEVENS L E, FISKE S T. Motivation and cognition in social life: A social survival perspective [J]. Social cognition, 1995, 13 (3): 189-214.

[246] STEVEN R, ASHER JULIE A, PAQUETTE. Loneliness and peer relations in childhood [J]. Current Directions in Psychological Science, 2003.

[247] STRANAHAN A M, KHALIL D, GOULD E. Social isolation delays the positive effects of running on adult neurogenesis [J]. Nature Neuroscience, 2006, 9 (4): 526-533. DOI: 10. 1038/nn1668.

[248] STOKES, JOSEPH P. The relation of social network and individual difference variables to loneliness [J]. Journal of Personality & Social Psychology, 1985, 48 (4): 981-990.

[249] STOPA L, CLARK D M. Social phobia and interpretation of social events [J]. Behaviour Research and Therapy, 2000, 38 (3): 273-283.

[250] SULLIVAN H S. The Interpersonal Theory of Psychiatry [M]. New York: WW Norton Company, 1953.

[251] TEPPERS E, KLIMSTRA T A, DAMME C V, et al. Personality traits, loneliness, and attitudes toward aloneness in adolescence [J]. Journal of Social & Personal Relationships, 2013 (308): 1045-1063. DOI: 10. 1177/0265407513481445.

[252] THEEKE L A. Predictors of loneliness in U. S. adults over age sixty-five [J]. Archives of Psychiatric Nursing, 2009, 23 (5): 387-396. DOI: 10. 1016/j. apnu. 2008. 11. 002.

[253] THOMAS, RICHARDSON, PETER, et al. Relationship between loneliness and mental health in students [J]. Journal of Public Mental Health, 1999. DOI: 10. 1108/JPMH-03-2016-0013.

[254] DEBRA, UMBERSON, KARAS J, et al. Social relationships and health: a flashpoint for health policy [J]. Journal of Health and Social Behavior, 2010. DOI: 10. 1177/0022146510383501.

[255] VAN DULMEN, MANFRED H M, GOOSSENS L. Loneliness trajectories [J]. Journal of Adolescence, 2013, 36 (6): 1247-1249.

[256] VAN HASSELT, VINCENT B, HERSEN M. Handbook of Social

Development: A Lifespan Perspective [M]. Plenum Press, 1992.

[257] VANHALST J, GOOSSENS L, LUYCKX K, et al. The development of loneliness from mid- to late adolescence: Trajectory classes, personality traits, and psychosocial functioning [J]. J Adolesc, 2013, 36 (6): 1305-1312. DOI: 10. 1016/j. adolescence. 2012. 04. 002.

[258] VANHALST J, KLIMSTRA T A, LUYCKX K, et al. The interplay of loneliness and depressive symptoms across adolescence: Exploring the role of personality traits [J]. Journal of Youth & Adolescence, 2012, 41 (6): 776-787. DOI: 10. 1007/s10964-011-9726-7.

[259] Vazsonyi A T, Ksinan A, MikuKa J, et al. The big five and adolescent adjustment: An empirical test across six cultures [J]. Personality and Individual Differences, 2015, 83: 234-244.

[260] VICTOR C. IS8. 02: Trajectories of loneliness: Mapping changing patterns of loneliness over time [J]. European Geriatric Medicine, 2014, 5: S11-S11. DOI: 10. 1016/S1878-7649 (14) 70033-6.

[261] VITKUS J, HOROWITZ L M. Poor social performance of lonely people: Lacking a skill or adopting a role? [J]. J Pers Soc Psychol, 1987, 52 (6): 1266-1273. DOI: 10. 1037/0022-3514. 52. 6. 1266.

[262] WALD I, LUBIN G, HOLOSHITZ Y, et al. Battlefield - like stress following simulated combat and suppression of attention bias to threat [J]. Psychological Medicine, 2010, 41 (4): 699 - 707. DOI: 10. 1017/S0033291710002308.

[263] WANG K T, YUEN M, SLANEY R B. Perfectionism, depression, loneliness, and life satisfaction: A study of high school students in Hong Kong [J]. The Counseling Psychologist, 2008, 37 (2): 249 - 274. DOI: 10. 1177/0011000008315975.

[264] WATERMAN, ALAN S. Identity development from adolescence to adulthood: An extension of theory and a review of research [J]. Developmental Psychology, 1982, 18 (3): 341 - 358. DOI: 10. 1037/0012 - 1649. 18. 3. 341.

[265] WEEKS D G, MICHELA J L, PEPLAU L A, et al. Relation between loneliness and depression: A structural equation analysis [J]. Journal of

Personality & Social Psychology, 1980, 39 (6): 1238-1244.

[266] WEISS R S. Loneliness: The experience of emotional and social isolation [N]. Cambridge, MA: MIT Press, 1973.

[267] WEISS R S. Issues in the study of loneliness [M] //Peplau L A , Perlman D. Loneliness: A sourcebook of current theory, Research and therapy. 1982.

[268] WEISS R S. Reflections on the present state of loneliness research [J]. Journal of Social Behavior and Personality, 1987, 2 (2, Pt 2): 1-16.

[269] CALDWELL W K. Friendships, peer acceptance, and group membership: Relations to academic achievement in middle school. [J]. Child Dev, 1997, 68 (6): 1198-1209. DOI: 10. 2307/1132301.

[270] WILBERT J R, RUPERT P A. Dysfunctional attitudes, loneliness, and depression in college students [J]. Cognitive Therapy and Research, 1986, 10: 71-77.

[271] WILSON R S, KRUEGER K R, ARNOLD S E, et al. Loneliness and risk of Alzheimer disease [J]. Archives of General Psychiatry, 2007 (2): 64.

[272] WITTENBERG M T, REIS H T. Loneliness, social skills, and social perception [J]. Personality and Social Psychology Bulletin, 1986, 12 (1): 121-130.

[273] YANG K, VICTOR C. Age and loneliness in 25 European nations [J]. Ageing and Society, 2011, 31 (08): 1368-1388.

[274] YOUNGER J. B. The alienation of the sufferer [J]. ANS AdvNursSci. 1995, 17 (4): 53-72.

[275] YOUNG J E. Loneliness, depression, and cognitive therapy: Theory and application [M] // Peplau L A , Perlman D . Loneliness: A sourcebook of current theory, Research and therapy. New York: John Wiley and Sons, 1982.

[276] YOUNG J F, BERENSON K, COHEN P, et al. The role of parent and peer support in predicting adolescent depression: A longitudinal community study [J]. Journal of Research on Adolescence, 2005. DOI: 10. 1111/j. 1532-7795. 2005. 00105. x.

附　录

附录一　UCLA 孤独量表（部分）

1＝从不；2＝很少；3＝有时；4＝经常。

1. 你常感到与周围人的关系和谐吗？
2. 你常感到缺少伙伴吗？
3. 你常感到没人可以信赖吗？
4. 你常感到寂寞吗？
5. 你常感到属于朋友们中的一员吗？

附录二　LACA 独处态度量表（部分）

1＝从不；2＝很少；3＝有时；4＝经常。

1. 我脱离人群去做不需要与很多人一起才能完成的事情。
2. 我渴望孤独。
3. 当我感觉孤独时，我觉得无聊。
4. 我一个人的时候感觉很糟糕。
5. 当我感觉孤单的时候，我会去看望朋友。

附录三　“大五”人格问卷精简版（部分）

1~7：从完全不同意到完全同意。

我认为我是：

1. 外向的，精力充沛的。
2. 爱批判的，爱争论的。
3. 可依赖的，自律的。

4. 忧虑的，易心烦的。

5. 经验开放的，常有新想法的。

附录四　人际关系能力问卷（部分）

1~5：从非常困难到非常容易。

1. 告诉某个朋友，你不喜欢TA对待你的方式。

2. 在好朋友面临重大人生抉择如职业选择时，帮助TA理清头绪、调整情绪。

3. 当你和好朋友的分歧开始演变成激烈争论时，能够承认或许是自己错了。

4. 和好朋友发生争执时，能够把怨气抛开而就事论事。

5. 把自己羞于向别人启齿的事情告诉好朋友。

附录五　青少年自我同一性状态问卷简化版（部分）

1~6：从非常不符合到非常符合。

1. 我还没有决定自己真正想从事的职业，有什么工作就先做什么，等有了更好的再说。

2. 在男性和女性的角色方面，我与父母的看法一致，他们赞成的我也赞成。

3. 世上人有很多种，我尽可能地寻找那些适合做我朋友的人。

4. 我有时会在别人的邀请下参加一些娱乐活动，但很少主动尝试。

5. 我还没有真正考虑过“约会方式”问题，我也没有好好想过我是否该谈恋爱。

附录六　关系质量问卷（部分）

1~5：从几乎不到非常多。

1. 你常常和这些人共度快乐时光吗？

2. 你常常告诉这些人一些不想让其他人知道的事情吗？

3. 这些人常常要求你去做一些你不想做的事情吗？

4. 对于你和这些人之间的关系，你感到开心吗？

5. 你常常和这些人意见不合或者发生口角吗？

附录七　流调中心用抑郁量表（部分）

1=偶尔或无（少于1天）；2=有时（1~2天）；3=时常或一半时间（3~4天）；4=多数时间或持续（5~7天）。

1. 一些通常并不困扰我的事使我心烦。
2. 我不想吃东西；我胃口不好。
3. 我觉得即便有爱人或朋友帮助也无法摆脱这种苦闷。
4. 我感觉同别人一样好。
5. 我很难集中精力做事。

附录八　社会焦虑量表（部分）

0~4：从完全不符合到极度符合。

1. 当我谈论自己或自己的感受时会感到紧张。
2. 我在路上碰到熟人时会紧张。
3. 如果我和另外一个人单独相处，我会感到紧张。
4. 我与不太熟悉的人交流时会感到紧张。
5. 在群体里，我担心自己会被忽视。

附录九　生活满意度量表（部分）

1~7：从强烈反对到极力赞成。

1. 我的生活在大多数方面都接近于我的理想。
2. 我的生活条件很好。
3. 我对我的生活很满意。
4. 到现在为止，我已经得到了在生活中我想要得到的重要东西。
5. 如果我能再活一次，我基本上不会做任何改变。

附录十　MMCS多维度—多归因量表（部分）

0~4：从非常不同意到非常同意。

1. 我对某个社交场合的喜爱程度几乎完全取决于在场的人的性格。
2. 交朋友是件很好玩的事，有时我不得不归功于运气。
3. 假如我与他人相处得不融洽，这说明我在社交方面投入的精力太少。

4. 依我看来，不能让大家喜欢我是反映出我在人际关系方面的无知。

5. 不管我做什么，有些人就是不喜欢我。

后　记

本书是在本人博士论文的基础上修订而成，也是教育部人文社会科学研究专项（22JDSZ3122）和上海市哲学社会科学规划课题（2022ZSH004）的成果之一，本书的出版获得了上海海关学院马克思主义学院课程建设经费支持。

当筹备一年、历时三年的研究终于诉诸笔端，看着这十万余字的文章，回顾五年的博士求学生涯，我的内心充满成就感、温暖与感动，许多记忆在脑海中一一浮现。

十一年的夙愿：自2005年从上海师范大学应用心理学专业以硕士研究生毕业至上海海关学院工作，读博的想法一直萦绕在我的心头，最初因为时机不成熟不能报考，后来有了畏难情绪不敢报考，读博成了我的一个未完成的心愿。

两次报考：2014年11月，我休假在家照顾出生不久的儿子，一次偶然的机会看到了报考博士研究生的通知，我的考博热情再次被点燃。经过了几天的思考，我做出了报考上海师范大学心理学博士研究生的决定，这个决定来自对心理学的热爱，以及对上海师范大学老师的喜爱。之后，在带娃之余，我将所有精力投入紧张的备考中。因为过度劳累，2015年3月初，头上沉寂多年的毛囊炎发作且到了不得不手术的程度，无奈之下，我放弃了博士研究生面试。2016年再战，我终于如愿以偿，成了上海师范大学教育学院2016级发展与教育心理学专业的一名博士研究生。我的读书生涯伴随着幸运之门的打开而再次展开了！

两位博导：我有两位极好的导师。我的第一位导师是刘俊升教授，跟随刘老师学习之后，我有一个明显的感觉——这就是我熟悉的上海师范大学老师的感觉！只比我大4个月的刘老师科研能力极强，待学生友善，给予学生足够的空间、支持与指导。在刘老师的指导下，我用了一年时间确定毕业论文的方向与选题。但是，在我读博的第二年，刘老师去华东师范大学工作了，之后我成为当时的心理系主任李丹教授的学生，从此开启了我的双导师生涯。李老师是我很熟悉也一直很喜爱的老师，她在学术上给我自由和支持，就像一片海，充满了包容的力量；她在生活上给我启迪和温暖，就像漫天的阳光，具有疗愈的功效。五年来，两位导师不嫌弃我的愚钝，不嫌弃我的分身乏术，给予我足够的包容、耐心、帮助和指导，有师如此，何其幸也！

我的老师们：上海师范大学教育学院心理学系是一个温暖的地方，这种温暖在我 2002—2005 年读研期间就已经深种于心。我的导师李正云带领我走入心理咨询的大门，多年以来，他一直给予我无限的支持；2016—2021 年读博期间，我又深切地体验到了这种温暖，这种温暖来自治学严谨的卢家楣教授、温文尔雅的石文典教授、犀利智慧的蔡丹教授、博学真诚的罗俊龙教授、安静热心的李海江副教授、思维敏捷的丁雪辰老师、温柔深刻的乌阿茹娜老师，感谢各位老师对我的指点和帮助，我会将各位老师带给我的温暖传递下去！

我的同学们：感谢我的两位师弟，我的师弟韩宪国在学术方面极具理想主义情结，对学习充满热爱，在数据统计的世界里快乐遨游，他乐于助人，待人和煦，举止从容有度，给人如沐春风之感，当真是“君子如玉，温润而泽”；我的师弟莫碧波乐于学习，勤于学业，从硕士到博士，一直在孜孜不倦地探索，他擅长积累，求学严谨，待人以诚，对我的博士求学提供了全方位的支持和帮助。结识两位师弟是我的幸运！

感谢我的师妹向碧华，在我的实验设计中，采用了师妹的研究范式，她毫无保留地将最初的研究资料分享给我。感谢我的师妹刘萍和周淑金，她们对我的实验设计和数据分析提供了帮助。感谢我的师弟和师妹李欣琪、金国敏、何佳沂、汪玮静、吴琴、胡芳敏、顾星轶、张警辉，他们作为我的实验主试，在两个月的时间里，奔波于上海师范大学和上海海关学院。感谢我的同年级同学赵旭东，他对我的脑电数据分析给予了极大的帮助。感谢我的同年级同学高虹，我们一路扶持，互相打气。感谢大家送给我的宝贵礼物，这些礼物装扮了我艰难的求学生涯。

我的同事们：我目前在上海海关学院学生处工作，学生处的工作琐碎而繁忙，但作为学校学生教育管理的职能部门，它非常重要。在我求学期间，分管我的岳龙校长给予了我很大的支持和关心；潘树栋处长提供了极大的方便和工作上的支持；我的室友孙励副处长给我带来欢乐，缓解了我的压力；我的同事们各司其职、努力奋斗，确保工作有条不紊，让我可以兼顾工作与学业，感谢我有颜有才的同事们，我们继续并肩战斗！

我的亲人们：感谢我的公婆和爸妈，你们帮助我照顾孩子、打理家中琐事，免去我的后顾之忧；感谢我的先生勇担儿子教育大业，在德智体美劳方面进行精心设计；感谢我世界上最可爱的儿子，你无条件的信赖、依赖和爱，给了我无穷的力量，让我可以勇往直前、动力十足，你的笑容就是我的灵丹妙药。

最后的最后，感谢我自己！感谢自己的坚持，能够不忘初心梦想，并努力慢慢靠近；感谢自己的坚韧，在多重压力的撕扯下，从未想过放弃；感谢自己的坚强，在工作、家庭、学业中尽量寻找着平衡，目前看来，失衡不太严重。

越努力，越幸运！越幸运，越努力！感恩所有的善意，感恩所有的遇见！